A Door to the Future



# ネット検索が怖い

## ネット被害に遭わないために

神田知宏
Tomohiro Kanda

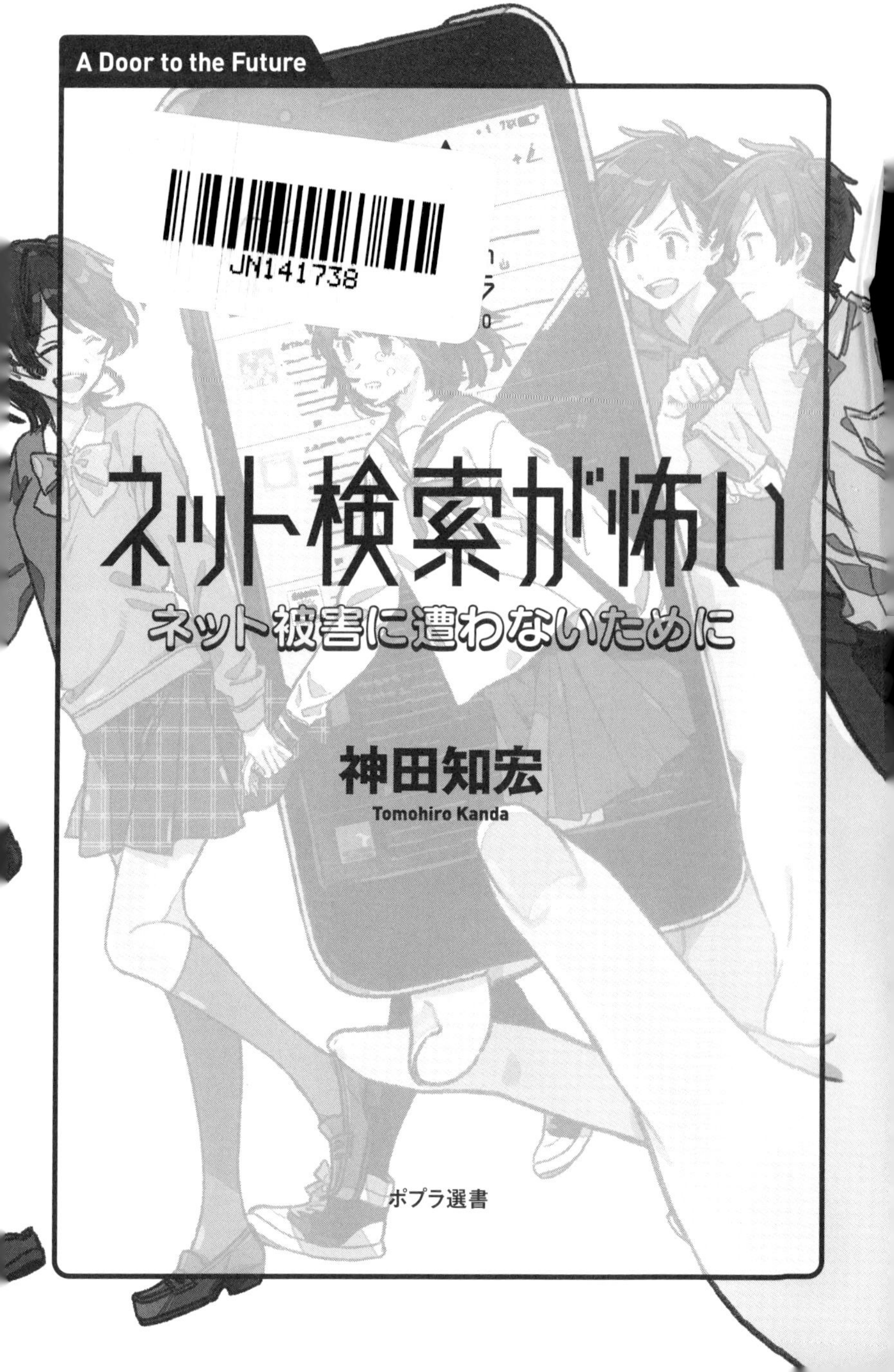

ポプラ選書

カバー装画　けーしん
カバーデザイン　bookwall

# はじめに　ネット上では、「人の噂も75日」は通用しない

「ネットでの誹謗《ひぼう》中傷に苦しんでおり、消してもらいたい」

「検索《けんさく》結果を見るのが怖《こわ》い」

「悪口を繰《く》り返し書いている人を特定して、もう書かないようにと言いたい」

「ネットにあるプライバシー情報を削除《さくじょ》しないと安心して生活できない」

ここ数年、私のもとには、個人、法人からのこうした相談が年間１００件以上寄せられています。

相談内容は、おおむね、誹謗中傷、プライバシー侵害《しんがい》の記事を削除したいというものと、投稿《とうこう》した人を特定したいというものに分けられます。

「この苦しみから逃《のが》れたい」「一刻も早く削除してほしい」「そっとしておいてほしい」という要望が大半を占《し》めるほど、現状は切羽詰《せっぱつ》まっています。中には、精神的、

肉体的に追いつめられ、通院を余儀《よぎ》なくされている人も少なくありません。

もはや、生活に欠かせないインフラともなったインターネット。しかしネットには、人の名誉《めいよ》やプライバシーといった人格権を侵害する違法《いほう》な情報も多数存在しています。

にもかかわらず、こうした記事の削除は可能かというと、インターネットをめぐる現行の法律、条約ではまだまだ課題も多く、新たな枠組《わくぐ》みが必要とされています。

私たちはＩＣＴ（Information and Communication Technology）の恩恵《おんけい》を享受《きょうじゅ》していますが、他方、ＩＣＴには私たちの生活や人生にダメージを与える負の側面もあり、新しい社会問題となっています。

ネットで批判や攻撃の対象となるのは、政治家や芸能人、大企業《だいきぎょう》などの特別な個人、法人だけではありません。もし、あなたが対岸の火事だと暢気《のんき》に構えているとしたら、少し考え直したほうがよさそうです。有名無名を問わず、いつ何時あなたの身に火の粉が降りかかってこないとも限りません。

あなたは、自分自身の名前をネットで検索したことがありますか。どんな検索結果が出てくるのか把握《はあく》していますか。あなたは、あなたの名前を誰《だれ》かがどこかで検索しているかもしれないと想像したことはありますか。あなた自身もネット上で検索される情報のひとつだと意識したことはありますか。

必要な情報は、何でも簡単に検索できるインターネット。あなたに関する情報や記事も例外ではありません。いまや、気になる人のことを気軽に検索するのも、はじめて会う人のことを事前に検索して下調べをするのも当たり前のようになりました。名刺交換《めいしこうかん》後、相手に関する情報を得るために検索することも、ネット上の記事や情報をもとに、何らかの評価、判断をすることも少なからずあることだと思います。

スマートフォンの普及《ふきゅう》により、いつでもどこでもネットにアクセスできるのですから、検索が日常的に行われるのは当然のことです。

さらには、ツイッター、フェイスブックなどのＳＮＳ（ソーシャル・ネットワーキング・サービス）を利用し、誰もが簡単に情報を発信できるようになったことが、私たちとインターネットの関係に大きな変化をもたらしました。つまり、情報を得るためにインターネットを利用していた人たちが、情報を発信する側にもなったということです。

ただ、真偽《しんぎ》のほどを確かめる術《すべ》のない人たちまで、簡単に発信することができるのですから、さまざまな情報や記事がネット上に溢《あふ》れるのも、こうした情報や記事に私たちが翻弄《ほんろう》されるのも、仕方ないことなのかもしれません。

私は、大学法学部を卒業後、ＩＴ系の会社を起業してプログラミング、ウェブデザイン、ＩＴ系入門書の執筆《しっぴつ》等に携《たずさ》わったあと、弁護士登録しました。弁護士となってからは、ネット関連の相談に応じることが多いためか、自身の名前で検索すると、公式、非公式、事実、事実無根、好評、風評など、さまざまな記事が表示されます。

たとえ、不利益を被《こうむ》る記事であっても、削除請求《せいきゅう》をしなければ、こうした書き込《こ》みは半永久的にネット上に存在し続けることになります。

先日、若くして亡くなった先輩弁護士の名前で検索したところ、多数の記事が表示されたのを見て、ネットの記事は人が亡くなっても消えないのだなと思いました。「人の噂《うわさ》も75日」と言われ、良いことも悪いことも、事実も根も葉もないことも、自然に人々の記憶《きおく》から忘れ去られていたのはいまや昔。検索すれば、75日どころか、10年以上のときを経ても検索結果に出てくるのですから、そのたびに人々の記憶を呼び覚まし、いつまでも忘れ去られることがなくなりました。

これまでの人間社会は、忘れること、忘れられることでうまく回っていました。たとえ、迂闊《うかつ》な言動を取ってしまったとしても、若気の至りで何かを仕出かしたとしても、ときの経過とともに人々の記憶から消えてなくなることで、出直しも、やり直しも可能だったのです。

それが、いまはどうでしょう。小さな町で起こったできごともネットを介《かい》しあっという間に拡散し、「ここだけの話」では済まされない時代になりました。回覧板に間違《まちが》いがあったからとあらためて訂正文《ていせいぶん》を掲載《けいさい》したり、配付したプリントが間違っていたからと回収すれば済むという時代ではなくなりました。

たとえ、ネット上に書き込まれた記事がデマやねつ造だとしても、価値のない情報だとしても、事実無根の風評だとしても、簡単に訂正することも効果的に反論することも難しい場合があります。

そこで、最近注目を浴びているのが、「忘れられる権利」です。

これは、ネットの情報や検索結果を消してもらうことで、インターネットから忘れてもらい、人からも忘れ去ってもらうことを目的とした権利のこと。もともと欧《おう》州《しゅう》連合（ＥＵ）の法律案で登場し、日本でも知られるようになった権利ですが、２０１８年5月25日に施行《しこう》されたＧＤＰＲ、「一般データ保護規則」（General Data Protection Regulation）では、第17条の「消去の権利」の一部に組み込まれています。

本書では、この「忘れられる権利」という現代社会の新しい人権をめぐる状況《じょうきょう》を紹介《しょうかい》しています。日本における「忘れられる権利」に対する理解と議論が深まるきっかけとなり、ネットの書き込みに苦しんでいる大勢の人たちが、その苦しみから解放される一助となれば、著者としてこれほど嬉《うれ》しいことはありません。

どうか、他人事《ひとごと》ではなく、あなたやあなたの家族の問題として「忘れられる権利」について考えてみてください。

# ネット検索が怖い　ネット被害に遭わないために／目次

第2章

# ネット上の書き込みに困り、苦しんでいる状態から脱したい

## 記事の削除・発信者の特定ができる事例、できない事例

「不倫」「セクハラ」「パワハラ」をしているとの書き込み／名誉毀損？　それとも、プライバシー侵害？／事実無根の情報を書き込まれたら、どうする／検索候補による名誉毀損は削除できるのか／病歴や家族に関する情報は削除可能か／風俗、AVなど、職業に関する情報に悩む日々／リベンジポルノの恐怖から逃れられる日はくるのか／若気の至りでは済まされない事態に陥るケースも／迂闊な言動がネット上で晒される恐怖／子どもが書き込んでしまった記事や悪口を削除したい／10年以上前のチカンや盗撮、行政処分歴などを削除したい／「ブラック企業」の烙印を押され人材が思うように集まらない／口コミサイトの評価に左右される現実／ページ全体、スレッド全体の削除請求はできるか／業務妨害を理由として削除請求はできるか／口コミサイトのどこが事実と異なるか

おわりに……184

Prologue

序章

# 自分に関する書き込みを削除するには？

ネット上の名誉毀損・プライバシー侵害などに関するQ＆A

まず、この章では、「ネットに誹謗《ひぼう》中傷を書かれているので削除《さくじょ》してほしい」「他人に知られたくない個人情報は消せるのか」「書いた人物が誰《だれ》なのか突《つ》き止めたい」「書いた人に慰謝料請求《いしゃりょうせいきゅう》したい」など、削除請求と発信者情報開示請求（書いた人を特定するための請求）に関するおもな相談事例をQ＆Aという形でまとめていきます。

「忘れられる権利」を理解するための基礎《きそ》知識としてください。

## Q1．どのような記事の削除が可能ですか

あなた、またはあなたの会社の権利を侵害《しんがい》している記事であれば、削除請求ができます。

たとえば、事実無根の書き込《こ》みで、あなたの評判（社会的評価）が低下する場合は名誉《めいよ》権侵害。プライドが著《いちじる》しく傷つけられた場合は名誉感情侵害。他人に知られたくない個人情報が掲載《けいさい》された場合はプライバシー権侵害、といった分類になりま

す。これらの、名誉権、名誉感情、プライバシー権などを、あわせて人格権といいます。

また、あなたが著作権を有する音楽や文章、写真や映像などが許可なく掲載された場合は著作権侵害にあたります。

これらに対し、書いた人の主観に基《もと》づく意見や感想などは、あなたの評判を低下させたとしても、前提事実が真実で常識的な表現である限り、名誉権侵害となりません。また、個人情報といっても、名前が書かれただけではプライバシー侵害になりらず、削除は認められません。

## Q2．どのようなサイトでも削除依頼（請求）は可能ですか

サイト管理者がわかれば、基本的には削除依頼《いらい》（請求）が可能です。

たとえば、「Yahoo!《ヤフー》知恵袋《ちえぶくろ》」であればヤフー株式会社、「したらば掲示板《けいじばん》」であればシーサー株式会社、「アメーバブログ」であれば株式会社サイバーエージェン

ト、「ライブドアブログ」であればＬＩＮＥ株式会社というように、そのサイトを管理、運営しているのがサイト管理者です。削除請求の相手は、記事やブログを書いた本人ではなく、サイト管理者とするのが一般的《いっぱんてき》です。

ただし、ネットにはサイト管理者が判明しないサイトも数多く存在するので、すべてのサイトでサイト管理者に削除請求が可能というわけではありません。

さらには、法的措置《そち》をしても削除請求に応じないサイト管理者もいますので、結果的に削除しにくいサイトもあります。

## Ｑ３．「2ちゃんねる」や「5ちゃんねる」、そのミラーサイトに転載されている記事も削除できますか

いわゆる「２ちゃんねる」は、２０１４年２月にサイト管理権をめぐる紛争《ふんそう》があったと報道されています。そのため、2ch.net と 2ch.sc のふたつが、「２ちゃんねる」を名乗る状況となり、その後２０１７年10月に 2ch.net は 5ch.net として「５ちゃんねる」に名称変更されました。

このうち、5ちゃんねるの投稿《とうこう》は、個人の名誉権侵害、プライバシー侵害の記事であれば、メールによる削除請求で削除するとアナウンスされています。

他方、2ちゃんねる（2ch.sc）の投稿は、削除請求用の掲示板で依頼すること、とされています。

2ちゃんねるや5ちゃんねるの内容をコピーしている、いわゆるミラーサイト（コピーサイト）は、2ちゃんねるや5ちゃんねるの元記事が削除されると自動的に削除される場合もあります。これは、削除された結果もそのままコピーするためです。

削除された結果をコピーしないミラーサイトの場合は、個別に削除依頼を出していく必要があります。もっとも、元の記事が削除されていれば、ミラー記事の削除に応じてくれる管理者も少なくありません。

ただし、Q2でも述べたように、サイト管理者が判明しない場合や、サイト管理者の連絡先がわからない場合も多々ありますので、結果的に削除しにくいサイトもあります。

## Q4．スレッドやブログごと消すことは可能ですか

掲示板サイトやQ&Aサイトでは、ひとつの話題に関するまとまりを「スレッド」と呼ぶことがあります。

法律相談では、スレッドまるごとの削除を希望する人も珍《めずら》しくありませんが、権利侵害の有無は個別の記事ごとの判断になりますので、原則としてスレッドまるごとの削除、ブログまるごとの削除はできないと考えてください。裁判所で法的措置を求めても、スレッドまるごとの削除やブログまるごとの削除は、原則として認められません。

スレッドやブログ全体の削除は、権利侵害とは関係のない記事、つまり違法《いほう》ではない記事まで削除することになるので基本的には表現の自由が優先されるのです。

ただし、スレッド全体の削除が認められた事例もありますので、第2章で紹介し

ます。

## Q5．削除にはどのぐらいの日数を要しますか

削除依頼（請求）の方法はサイト管理者の削除方針によっても異なるため、それに伴《ともな》い削除までに要する日数も異なってきます。

削除請求は、「メールや削除依頼フォーム」で行う方法、「送信防止措置依頼書」（文書）で行う方法、「削除仮処分」の申立、「削除訴訟《そしょう》」といった裁判手続に訴《うった》える方法があります。

「メールや削除依頼フォーム」で削除請求すればよいという削除方針の管理者であれば、通常は数日から長くても1週間、「送信防止措置依頼書」（文書）で削除請求を受け付けている管理者であれば約1カ月で削除されます。

これに対し、裁判手続に訴える「削除仮処分」の場合、日本法人が相手なら2週間から3カ月くらい。ツイッター、フェイスブック、グーグルといった海外法人が

相手なら1カ月から3カ月程度かかります。

「削除訴訟」の場合は、日本法人が相手なら少なくとも4カ月以上、海外法人が相手なら、軽く1年以上かかります。

## Q6．どんな発信者でも特定することは可能ですか

誰が書いたのかは、必ずしも特定できるわけではありません。

投稿者を特定するためには、まず、サイト管理者に「発信者情報開示請求」を行い、投稿者のIPアドレスと投稿日時（タイムスタンプ）を教えてもらいます。その後、教えてもらったIPアドレスから接続プロバイダ（たとえばNTTドコモ、KDDI、ソフトバンクといった、インターネットとの接続サービスを提供している会社）を調査し、判明した接続プロバイダに対して「発信者情報開示請求」により、書いた人の住所氏名を教えてもらいます。

ただし、接続プロバイダの接続記録（ログ）の保存期間は3～6カ月であること

が多いため、接続プロバイダに開示請求訴訟をする前には、通信記録の保存を依頼しなければならないケースもあります。

そのため、投稿から6カ月以上経過している場合には、多くの場合、発信者を特定することはできません。また、ネットカフェなどから書いている場合、防犯カメラの映像や会員名簿《めいぼ》を見せてもらわなければ、書いた人を特定できないこともあります。

## Q7．削除請求には必ず法的な手続が必要ですか

必ず裁判手続が必要というわけではありません。

まずはサイト管理者の用意している削除ガイドライン、削除方針に基づいて任意の削除依頼を行い、それでも削除に応じてもらえない場合には裁判手続を行います。

ただし、サイト管理者によっては任意の削除依頼には応じないとわかっているところもありますので、その場合、はじめから裁判手続を取ります。

## Q8．書いた人に慰謝料はいくらぐらい請求できますか。投稿者の特定（発信者情報開示請求）にかかった費用を発信者に請求することはできますか

名誉権侵害やプライバシー侵害は、民法上は「不法行為」にあたりますので、慰謝料請求ができます。金額は何を書かれたかにもよりますので一概《いちがい》には言えません。裁判所の先例を検索《けんさく》すると、5万円から100万円くらいが多いようです。

この慰謝料にプラスして、発信者情報開示請求にかかった費用を請求できる、と判断している裁判例もあります。

## Q9．弁護士に依頼せず自分で削除依頼（請求）をすることは可能ですか

サイト管理者に自分で削除依頼することは、もちろん可能です。特に、削除依頼用のメールアドレスが公開されていたり、削除依頼フォームが用意されている場合は、自分で削除請求しても、弁護士が代わりに削除請求しても、それほど効果に違《ちが》

いはないように見えます。

弁護士からの削除請求のほうが効き目に違いが出るのではないですか、と質問されることもありますが、そうとも言えません。

これに対し、自分で裁判手続により削除請求をするのは、少し難しい可能性があります。

## Q10. 民間削除業者に依頼しても問題ありませんか

昨今、削除依頼（請求）を請け負う民間業者の広告を見かけるようになりましたが、弁護士法上、法律事務は公益目的のため、民間業者は取り扱《あつか》えないとされています。

削除依頼は、法的判断に基づいて削除請求権を行使するものですから、民間業者による削除請求は、法律上、問題がある可能性があります。

東京地方裁判所の扱うインターネット
関連仮処分が10年で20倍弱に

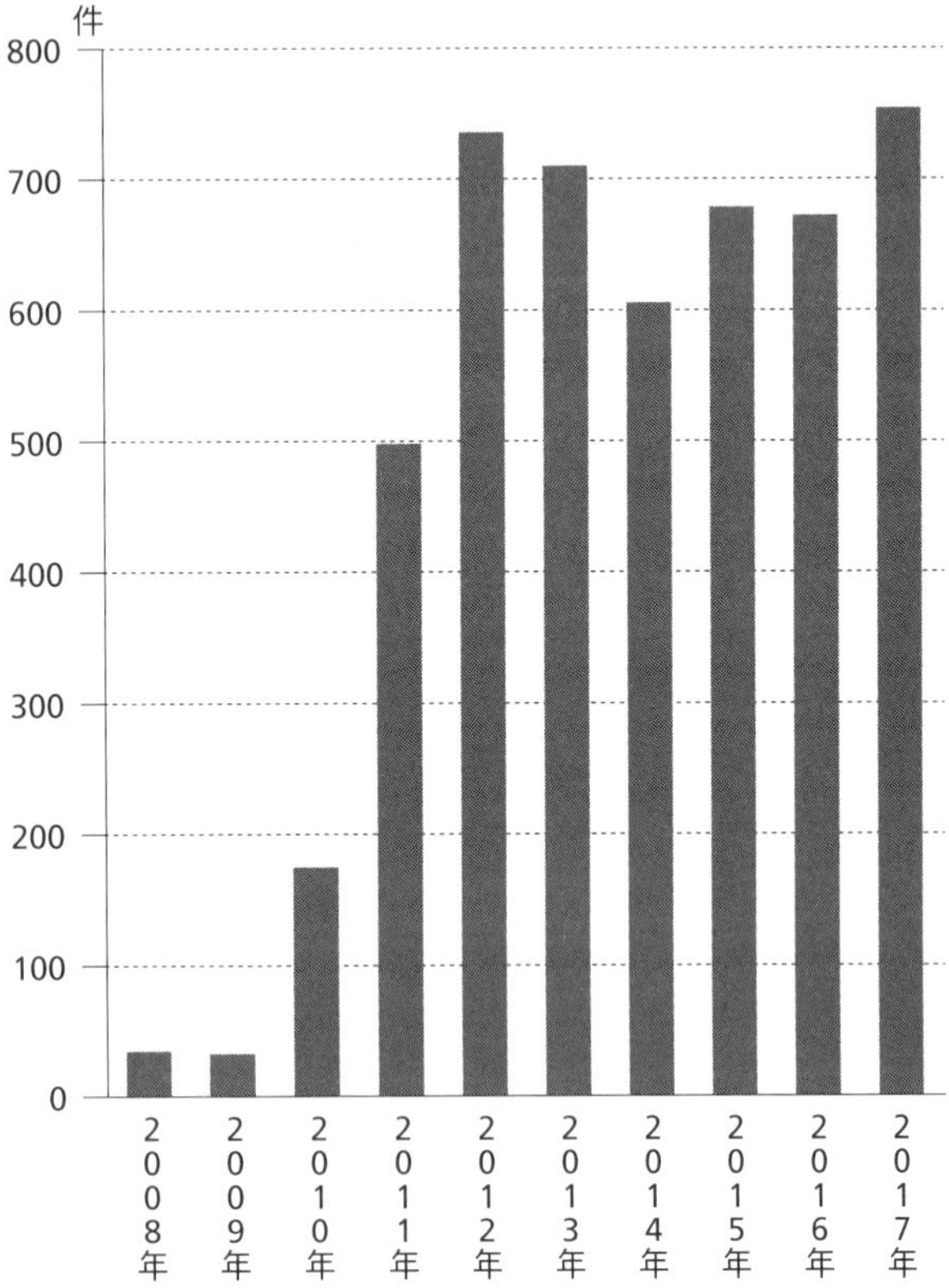


**東京地裁が扱った**
**インターネット関連の仮処分申立件数**
日本経済新聞記事より（2018年8月28日）

Episode1

第1章

# ついに、グーグルに対し検索結果削除命令が下された！

## 忘れられない時代の「忘れられる権利」とは

## 検索結果に出てしまう苦しみから逃れるために

あなたは、もし、自分の名前で検索《けんさく》し、自分にとって公開を望まない個人情報や誹謗《ひぼう》中傷記事がインターネットにあるとわかったらどうしますか。

いちいち気にしていても仕方がないので、そのまま放っておくという人もいるかもしれません。しかし、それが著《いちじる》しく自分自身の名誉《めいよ》を傷つける内容であったり、プライバシーを侵害《しんがい》するような記事だった場合、その記事や情報をすぐにでも削除《さくじょ》したいと思うのは当然のことです。

その記事がインターネットにあると思うだけで心身ともに傷つき、ついには実生活や仕事に何らかの影響《えいきょう》があるとしたら、放っておくことなどできないはずです。

スマートフォンの普及《ふきゅう》により、いつでもどこでもインターネットにアクセスできるようになったいま、〝検索〟は私たちの日常行為《こうい》となっています。移動手段や飲食店の検索、仕事で必要な情報の検索、商品やチケットを購入《こうにゅう》するための検索など、

〝検索〟は私たちの生活の隅々《すみずみ》にまで入り込んでいます。

当然のことですが、検索の対象はサービスやモノに留《とど》まりません。私たちひとりひとりが検索の対象になり、検索結果に出てくる情報の一部となっています。そして、検索結果で知り得た私たちひとりひとりに関する記事や情報をもとに、第三者が何らかの評価・判断を下しているのです。

いまや、検索結果に出てくる自分に関する記事や情報がすなわち、自分に対する社会からの評価（社会的評価）と言っても過言ではない時代です。社会的評価に直結するネット記事や情報の削除、発信者特定を求める相談が増えるのも当然のことと思われます。

私が誹謗中傷・プライバシー侵害などの記事の削除について相談を受けたときは、まず削除したい記事の場所（URLと、掲示板《けいじばん》であれば投稿《とうこう》番号、ブログであれば記事）を特定したあと、その記事があるサイトの管理者を調査し、管理者の方針に応じ、削除請求《せいきゅう》の方法を検討します。

先述のとおり、削除依頼《いらい》（請求）をする方法には、サイト管理者の方針に合わせて、「メールや削除依頼フォーム」で行う、「送信防止措置《そち》依頼書」という書面で行う、「削除仮処分」の申立や「削除訴訟《そしょう》」といった裁判手続に訴《うった》える、といった手段があります。削除依頼の手段、方針を決めたあとは、各サイトの管理者に対し、削除請求を出していきます。

削除依頼の具体的な手続については第4章で紹介《しょうかい》しています。

## 削除請求する手続にはさまざまな課題が

プロバイダ責任制限法をもとに、事業者の団体が自主的に作った削除ガイドラインによる削除手続（送信防止措置依頼書）では、削除するかしないかをプロバイダ（サイト管理者）が判断することになっています。そのため、削除基準の明確性に問題があります。

また、サイト管理者の方針によって対応に差異が生じるという問題もあります。

海外のサイト管理会社やサーバー会社など、削除請求の相手が海外法人の場合にも、さまざまな課題があります。まずは、言葉や法律の違《ちが》いにより任意の削除請求自体が難しいうえに、日本の法律での常識が通用しません。たとえ日本で訴訟を起こしたとしても、判決に従うかどうかもわかりません。

ネット事業者は国境を超《こ》えたサービスをしているわけですから、実効性を持った削除手続についての国際的な議論が急務です。

## 拡散してしまった場合はどうなるのか

匿名《とくめい》の情報が多くあり、記事のコピーや拡散が容易なネットの特性上、簡単には問題が解決しないことも多々あります。たとえば、ひとつのサイトに書き込《こ》まれた誹謗中傷がコピーされ、数カ所、いや膨大《ぼうだい》な量のサイトに拡散してしまった場合もそれにあたります。

削除依頼をする相手は、誹謗中傷記事が書き込まれている各サイトの管理者です。

もし、膨大な量のサイトに拡散してしまっていたら、拡散したサイトひとつひとつに削除依頼をしなければならないため、その手間も費用もおのずと膨大になってしまいます。

削除請求の法的措置の値段は弁護士によって異なりますが、各法律事務所が公開している料金表を見ると、1回の法的措置（削除請求）あたり20〜30万円と書かれているところが多い印象です。

そのため、たとえば、ひとつのサイトに対する削除依頼の法的措置の費用が20万円だとすると、10サイトに法的措置で削除依頼をするためにかかる費用は200万円、20サイトの場合は400万円もかかってしまいます（削除の料金については、第4章で詳しく紹介しています）。

誹謗中傷記事により苦痛を味わっているうえに、こんなに費用がかかっては、まさに踏《ふ》んだり蹴《け》ったりかもしれません。

さらには、サイト管理者が削除に応じないことや、サイト管理者が判明しないことも当然ありえますので、不利益を被《こうむ》っている人の心労を想像するたびに、何とかしたいという思いが強くなります。

たとえば、アメリカでは、ある女性が法的に氏名を変更《へんこう》するまでに追い込まれてしまったという事例があります。

その女性は、交際をしていた男性と一緒《いっしょ》に写真や動画を撮《と》りふたりで共有していましたが、その後男性とは別れることになります。

ときは流れて数年後、その女性は友人からの連絡《れんらく》で自分の恥《は》ずかしい写真がポルノサイトに掲載《けいさい》されているのを知り愕然《がくぜん》とします。

自分の名前で検索すると、２００以上のサイトに写真や動画が溢《あふ》れ、そこには実名だけでなく職場や住所などの個人情報が書き込まれていました。すぐに、弁護士に相談しましたが、「すべてに対処するには何十万ドルの弁護士費用がかかる」と言われ、途方《とほう》に暮れてしまいます。

その後、地道に削除依頼を続けますが、ネット上からすべての画像や動画を消し去るには限界があると判断し、名前を変えて、サイトに表示されている画像の人とは別人として生きることを余儀《よぎ》なくされました。

## なぜ、サイト管理者への削除依頼が難しいのか

これまで、私はインターネットの違法《いほう》情報の削除に数多く取り組んできましたが、トラブルの解決にはネット特有の難しさがあると考えています。

既述《きじゅつ》のとおり、ネット上にはそもそも、誰《だれ》が管理者なのかわからないサイトが数多く存在し、削除依頼をしようにもサイトの管理者と連絡がつかないケースが少なからずあるからです。

さらには、サイト管理者が判明し、削除請求をしても、簡単に削除に応じてもらえないケースもあります。サイト管理者が海外法人の場合には、法制度の違いもひとつの要因となります。

壁《かべ》となるのは、日本だけでなく各国の憲法で保障されている「表現の自由」です。いわゆる掲示板サイトの場合、情報を書き込むのは管理者とは別の第三者です。そして、この第三者にも「表現の自由」があるため、利用規約等に反しない限り、サイト管理者といえども勝手に削除すると、投稿者からクレームの付くこともあります。

サイト管理者が削除依頼に応じない場合、裁判所に「削除仮処分」の申立をしています。たいてい、名誉権侵害、プライバシー侵害の主張立証をしますが、これには相当な手間がかかります。20個のサイトが任意の削除を拒否すれば、20個のサイトを相手に削除仮処分の申立をし、20回、同じ主張立証をする必要があります。

また、削除請求をする側では、名誉権侵害の場合、記載事実が真実に反すること、つまり、「ない」ことの証明が求められることから、ケースによっては、立証が難しい場合もあります。そのため、もう少し簡易な手続で、迅速《じんそく》に削除できるような仕組みがあってしかるべきだと考えます。

勘《かん》の良い読者なら、「各サイト管理者に削除依頼せず、検索されないようにすればよいのではないか」と思われるでしょう。

そのとおりです。それが「検索結果の削除請求」の考え方です。

自分の名前で検索して、違法な記事が出てきてしまうことが問題なのですから、入り口で止めてしまえばよいのです。検索結果に出てこないようになれば、各サイトひとつひとつに削除依頼をする必要もなくなります。

そこで、いままでも「グーグル」「ヤフー」などの大手検索サイトに対して、さまざまな方法で法的な削除請求が試みられてきました。しかし、検索サイトは現代人の生活に欠かせない重要なものであるという考えのもと、長きにわたり日本の裁判所で検索結果の削除請求が認められることはありませんでした。

## 「忘れられる権利」とは、どんな権利なのか

そんなとき、ある裁判の行方《ゆくえ》に注目が集まりました。

２０１１年11月のことです。

フランス人女性が自分の名前で検索すると、20代のころ、有名になりたい一心でたった一度撮影《さつえい》したヌード映像が30万を超えるサイトにコピーされていることがわかりました。そして、それが原因で仕事に就《つ》けないというのです。

30万ものサイトひとつひとつに削除請求をするのは不可能です。そこで、検索結果として出てこなければ映像にたどりつくことはないだろうと考えた女性は、グーグルを相手に削除訴訟を起こしました。

結果は、女性の勝訴でした。いまや、社会のインフラとなっている検索サイトに対する削除請求が認められたのです。

本人の意思にかかわらずネットで拡散し、いつまでも存在し続ける膨大な情報。こうした情報が人を苦しめ、生活を脅《おびや》かすことから、２０１２年1月、ＥＵの行政機関である欧州委員会が、『個人データ処理に係る個人の保護及《およ》び当該《とうがい》データの自由な移動に関する欧州《おうしゅう》議会及び理事会の規則（Proposal for a REGULATION OF

THE EUROPEAN PARLIAMENT AND OF THE COUNCIL on the protection of individuals with regard to the processing of personal data and on the free movement of such data)』案を提案し、新たなルール作りに乗り出しました。いわゆる一般データ保護規則（案）です。

そして、その17条の「忘れられる権利および消去する権利（Article 17 Right to be forgotten and to erasure）」において、「忘れられる権利」という文言が登場しました。この法案は、２０１８年5月に「一般データ保護規則」（ＧＤＰＲ：General Data Protection Regulation）として施行《しこう》されていますが、その第17条はRight to erasure（'right to be forgotten'）「消去権（「忘れられる権利」）という文言に変更されています。

ここ数年、フェイスブックやブログに書かれた個人情報をかき集め、住所や家族関係、過去の恋愛関係までをネット上に晒《さら》すプライバシー侵害事件が相次いでいます。

EUで提唱された「忘れられる権利」は、ネットから個人の情報を削除させる権利を認めることで、個人情報の保護を強化する狙《ねら》いがあると思われます。そして、欧州委員会のヴィヴィアン・レディング副委員長が、「『忘れられる権利』は私たちにとって不可欠なもの。人々を守り、ネットへの信頼を高めることにつながる」と発言するなど、議論が深まっていきました。

「忘れられる権利」が認められることは、ネットの書き込みに苦しんでいる多くの人たちが救われるだけでなく、ネットに蓄積《ちくせき》されていく膨大な個人情報と私たちがどう向き合うべきかを考えるきっかけになるのではないかと思います。私は、EUでの「忘れられる権利」と、全世界における今後の動向に注目しています。

## EU司法裁判所が「忘れられる権利」を認めた理由とは

一般データ保護規則（案）の17条で「忘れられる権利」が明文化され、審理《しんり》中だった2014年5月13日。EU司法裁判所は、検索大手のグーグルに対して、スペイン人男性の訴えを認める判決を下しました。

この男性は、「社会保険料の滞納《たいのう》が原因で、過去に所有していた不動産が競売にかけられたときの公告を掲載した1998年の地元紙の記事が、問題解決し16年経《た》った現在もネット上に残っている。名前で検索すると記事へのリンクが表れるため不利益を被っている」として、グーグルに「このリンクを検索結果から削除するよう」求めていました。

この男性が訴えを求めた時点で債務《さいむ》は完済されているうえに、その当時は妻帯者だったが現在は離婚しているなど、現在の状況を正確に表現した情報ではなくなっているということが削除請求の理由でした。

EU司法裁判所は、「いわゆる忘れられる権利」と表現しつつ、「時間の経過とともに意味を持たなくなった情報などは、個人の求めに応じて一定の条件の下でリンクを削除する義務がある」と指摘し、この男性の訴えを認めました。

EU司法裁判所は、16年を経過した一個人（私人）の過去の情報が現時点では不適切であると判断し、過去の情報を維持《いじ》する必要性を認めなかったということです。「時間の経過とともに意味を持たなくなった情報」というのは、日本の法制においては、公益性の喪失《そうしつ》と似た趣旨《しゅし》だと思われます。「表現の自由」と「プライバシー権」を比較衡量《ひかくこうりょう》し、表現の有する公益性より個人のプライバシーを重視する場合には情報の削除を請求できるということです。

つまり、その情報がたとえ事実だとしても、掲載時における掲載の必要性や目的と、時間の経過を考慮《こうりょ》し、もはや必要性がなく、過剰《かじょう》であるときはネット記事の削除を請求できる、ということになります。

この判決のもうひとつのポイントは、検索サイトのグーグルに対して「検索結果の削除」を命じている点です。

日本の裁判所でもグーグルは、「自分たちはネット上の情報を自動的に機械的に集めてインデックス化しているだけなので削除義務はない」「リンク先が問題ならリンク先に削除請求すればいいことで、我々は記事を管理する立場にない」と主張してきました。

この点について、ＥＵ司法裁判所は、「検索結果はグーグルのコンテンツであり、グーグルはサイト管理者なので削除義務がある」と判断し、検索結果の削除を命じています。

判決直後には、「一般的な認識とはかけ離れている判決に驚《おどろ》いている。判決内容を分析する時間が必要だ」とコメントしたグーグルですが、２週間後にはＥＵ域内の削除要請フォームを公表しました。初日だけで１万２０００件の申し込みがあったということです。

## 「忘れられる権利」は日本の裁判所でも主張できるのか

２０１４年５月13日のＥＵ司法裁判所の判決を読んだ私は、すぐに、「日本でも同じ請求ができるのではないか」と考えました。

注目したのは、「グーグルはコントローラーなので削除義務がある」と書かれていた点です。

「コントローラーは〝管理者〟という意味ではないか？」

それまでも毎回、削除の申立書には、「サイトの管理者には削除義務がある」と書いてきたからです。

ＥＵ司法裁判所がグーグルもサイトの管理者として特別扱いしない判決を下したことには大きな意味がありました。グーグル側が、「自分たちはネット上の情報を自動的に機械的に集めてインデックス化しているだけなので削除義務はない」と主張してきたのに対し、ＥＵ司法裁判所は「検索結果はグーグルの〝コンテンツ〟である」と判断しているのです。

「検索サイトの〝管理者〟であるグーグルは、〝コンテンツ〟である検索結果を削除する義務がある」と判断していると読んだ私は、「これは、日本の裁判所でも主張できる」と思い、すぐに動き出しました。

「表現の自由」と「プライバシー権」を比較衡量し、「プライバシー権」が優先する場合は削除請求できるという法的な論理は、日本でもあまり争いのないところです。問題は、グーグルなどの検索サイトに対し、リンク（検索結果）を削除請求できるかどうかという点です。東京高等裁判所では、「リンク先が違法ならリンクも違法」という判決が出ていますので、「リンクだから削除できない」というのは理由にはなりません。

過去、ヤフーに対し「リンクだけの記事」の削除仮処分を申立てたところ、裁判官が認容しそうだとわかるや、ヤフーは争うのをやめ自主的にリンクを削除したことがありました。検索サイトにとって、リンク自体が違法だという認容例は残したくなかったのだろうと推測されます。

では、「単にネットの情報をインデックス化しているだけ」との主張についてはどうでしょうか。

東京地方裁判所の2010年2月18日判決（ヤフーに対するインターネット検索結果削除等請求事件）では、「現代社会における検索サービスの役割からすると」として検索サイトに特殊《とくしゅ》な地位を認めているように見えます。

しかし、検索サイトも歴史的にはコンテンツプロバイダのひとつに過ぎないのですから、特別扱《あつか》いする必要もないだろうと私は考えていました。なぜならば、他のコンテンツプロバイダに対しては、「誰がオリジナルのデータを作ったか」「当該プロバイダの主観」などとは無関係に削除義務が認められているからです。

ならば、検索サイトに対しても、そのサイトが管理しているサービス内容については削除義務があると評価することも可能ではないか。コンテンツプロバイダがコンテンツを「管理」していることと同じく、検索サイトは「検索結果というコンテンツ」を「管理」していると主張すればよいのではないかと思いました。

## 東京地裁で「グーグル検索結果削除命令」が下されるまで

ＥＵ司法裁判所の「検索結果はグーグルのコンテンツである」という判決を受け、私はグーグルの米国本社に検索結果の削除を求める「削除仮処分」の申立を相談者に提案することにしました。

私のところに相談に来たひとりの男性は、自分の名前で検索すると、犯罪に関わっているかのような検索結果が多数出てくることに長い間苦しめられていました。新聞社が彼にインタビューした記事によると、書き込みの削除をサイト管理者に求め続けて４年。消しても、消しても、拡散し、削除にかかる費用もかさんでいたとのことです。また、取引先からは取引を断られるなど、ビジネスにまで支障が出始めていたそうです。まさに、ネット上の書き込みに生活が脅かされていたのです。

さらには、「名前を検索されるかもしれない」という強迫《きょうはく》観念が頭から離れず、「名刺交換《めいしこうかん》をするのも恐怖《きょうふ》に感じるほど切迫していた」とも、インタビュー記事には書かれていました。

そこで彼は、検索結果に出なくなればいいと考え、グーグルに検索結果の削除を求めることにしたのです。

そして、２０１４年5月13日のＥＵ司法裁判所の判決から5カ月後の10月９日、東京地裁はこの男性の申立を認め、削除を求めた２３７件のうち、著しい損害を与える恐《おそ》れがあると判断した１２２件について検索結果の削除を命じる決定を出したのです。


では、この「検索結果削除仮処分」の申立について、5月13日のＥＵ司法裁判所の判決から、10月９日に東京地裁がグーグルに対する「仮処分決定」を出すまでのプロセスを、日付を追ってまとめてみたいと思います。プロセスを追うことで、削除仮処分の具体的な手続の流れと「忘れられる権利」への理解が深まるのではないかと思います。

まず、最初に知っておいてほしいのは、「削除仮処分」を申立てる先は、グーグル日本法人ではなく、米国グーグル本社（海外法人）だということです。グーグル日本法人に削除請求をしても、「グーグル日本法人にはデータ管理権がない」と主張され、これに対する有効な反論手段もありませんので、裁判はすぐに負けてしまいます。そのため、仮処分の債務者《さいむしゃ》、削除訴訟の被告とするのは米国グーグル本社となります。

もっとも、米国法人を法的措置の相手にするからといって、米国の裁判所で訴える必要はありません。日本の裁判所で削除請求をすることが可能です。

さらには、削除請求権の行使には、民事訴訟法に規定されている「不法行為地の特別裁判籍《せき》」が適用されるので、被害者（申立人、原告）の住所地を管轄《かんかつ》する裁判所で、申立、提訴することができます。東京地裁などに限定されるわけではありません。債権者（被害者）が個人であれば住所地、法人であれば、本店所在地を管轄する裁判所で削除仮処分の申立、削除訴訟の提起をすることができます。

たとえば、神戸市に住んでいる人が削除仮処分を申立てる場合は神戸地裁、神奈川県川崎市に本社のある会社が申立てる場合は横浜地裁川崎支部となります。これは、申立の相手がグーグル本社のようにカリフォルニアの会社でも同じです。

もっとも、グーグル本社を相手に削除仮処分の申立をするには、グーグル本社の法人登記をカリフォルニアから取り寄せる必要があります。また、海外法人を相手に削除仮処分を申立てる場合、申立書の英訳などに若干の手間と費用がかかります（第4章でも紹介しています）。

では、日付を追って説明していきましょう。

## 海外法人である米国グーグル本社を相手にするには

2014年5月13日EU司法裁判所の判決後、私は「ネット上の書き込みに苦しんでいる」という相談者に、EU司法裁判所の判決や「忘れられる権利」について説明し、「日本でもEUの『忘れられる権利』と似た主張ができるかもしれない」

と提案しました。すると、何人かの相談者から、「検索結果の削除を求める申立をしてみたい」という反応がありました。先に述べた男性もそのひとりです。

カリフォルニアからグーグル本社の登記を取り寄せるのに約3週間がかかったため、東京地裁に申立をしたのは、ほぼ1カ月後の6月19日。その日のうちに東京地裁の裁判官と面接をし、申立の内容を説明しました。そして裁判所の書記官からは、カリフォルニアにあるグーグル本社への「呼出状」の英訳を依頼されました。「呼出状」というのは、裁判所から送られる「○月○日に○○地裁に来るように」という書面です。担当裁判官や担当書記官、事件番号などが記載されています（裁判所によって内容は異なります）。

英訳した「呼出状」と海外への郵送費用を東京地裁に納付すると、裁判所がEMS（国際スピード郵便）でカリフォルニアのグーグル本社に送付します。

裁判所の当初の指定では、申立の約3週間後の7月11日が呼出の日でした。しかし、グーグルの代理人（東京にある法律事務所の弁護士）から、「検討を要するため」という理由で、裁判の日（双方審尋期日《そうほうしんじん》）を延期してほしいとの申出があり、裁判の日は8月下旬に設定されました。その後は、約2～3週間に一度の頻度《ひんど》で双方審尋期日がありました。

グーグル側は相変わらず、「我々はネット上から自動的に機械的に情報を集めインデックス化しているだけなので我々には削除義務はない。我々はそれを管理する立場にない」といつもどおりの主張を繰《く》り返してきました。

そこで、こちらからは「自動的に機械的に集めてきているものがあなたたちの〝コンテンツ〟ではないか。そして、その〝コンテンツ〟をあなたたちのサイトが管理しているのではないか」と主張しました。

そして、ついに9月に開かれた双方審尋期日において、担当裁判官の口から「（削除の申立をした検索結果のうち）一部は認めて、一部は認めない、ということになる」という発言がありました。この業界でいうところの「心証開示」というものです。裁判官が、どのような結論になるかを判決、決定の前に当事者に伝えるものデす。

　このとき、表面上は冷静を装《よそお》いつつも、心の中では「よし！」と思いました。これまで、検索結果の削除請求は、オール・オア・ナッシングだったわけですから、「一部について認める」ということは、理論的な部分が認められたも同然であり、日本でも、ついに、検索結果の削除決定が出る、ＥＵ判決の「忘れられる権利」と同じ結果が認められるときがきたと思ったことを、いまでも覚えています。

　他方、グーグル側にしてみれば、「一部でも認められる」というのはたいへんなことです。認容例は残したくなかったのでしょう。「順次削除するので中立を取り下げてほしい」と和解の提案をしてきました。

　しかし、申立人である男性は和解の提案を拒否し、東京地裁の決定を待つことになりました。

　そして、２０１４年10月９日、心待ちにした日が訪れます。

　東京地裁は、「自分の名前で検索すると、犯罪に関わっているかのような検索結果が出てくることで現在の生活が脅かされる」として、米国グーグル本社に対し、「検索結果の一部削除を命じる」決定を出しました。

グーグル側が繰り返してきた「検索サイトの管理者には検索結果の削除義務は原則認められない」という主張を退け、検索結果に人格権侵害の内容が表示される場合には、「サイト管理者であるグーグルには削除義務がある」と指摘《してき》したものです。

翌日の10月10日、朝日新聞（東京版）朝刊が一面トップで「グーグル検索結果の削除命令」という見出しでこの件を報じました。新潟大学の鈴木正朝《まさとも》教授による「日本初ではないか」といったコメントも掲載されていました。

その後、国内外のメディア数十社から取材を受け、同じ話を何度もすることになったこともあり、私は、この問題への関心の高さをあらためて痛感させられました。

正直、ここまで話題性のある決定だとは思っていませんでした。

## ついに、グーグルに対して削除を求めた判断が下された

東京地裁の判断は、「忘れられる権利」を認めたとして注目を集めたEU司法裁判所の判決と同じく、グーグルに対し、検索結果の削除を命じています。この判断は、ネット上でプライバシー侵害を受け、心身ともに傷つき、生活が脅かされている大勢の人たちにとって大きな朗報でした。

グーグルの検索技術はヤフーにも提供されているため、グーグルとヤフーの検索結果は事実上リンクしています。またグーグルは、ヤフー以外にも、多くのポータルサイトに検索機能を提供しています。

そのため、東京地裁の判断により、ほとんどの検索結果から、違法な内容を削除することが可能となりました。

さて、10月9日の決定後のグーグル側の対応はというと、数日経っても検索結果の削除は行われませんでした。そこで、10月22日、「削除しない場合は、1日あた

り50万円の制裁金を払え」と命じる間接強制（強制執行《しっこう》の一種）の申立をしました。しかしその直後、グーグルは東京地裁の決定に従い、順次削除していくとマスコミに発表し、東京地裁で削除が命じられた122件すべてが削除されたのです。

なお、検索結果の削除が認められたサイトに「google.com」は含まれておらず、「google.co.jp」だけだということを付け加えておきます。この章では、フランス人女性がグーグルを相手取り訴訟を起こし、勝訴した事例も紹介しましたが、やはり検索結果の削除が認められたのは、「google.com」ではなく、女性の住居地であるフランスの「google.fr」です。

しかし、インターネットに国境はありません。日本でもフランスでも、「google.com」を使って検索することはできます。そのためグーグルは、EU域内では「google.com」の削除についても検討を始めたと報じられています。なお、2018年現在では、「google.com」「google.co.jp」といったドメイン名別ではなく、国別、地域別に削除される仕組みとなっています。

インターネットの普及とともに検索エンジンの重要性は増しています。しかし他方で、検索結果に出てしまうために私生活の平穏《へいおん》が脅かされているという事実もあります。すでに、ＥＵで行われているように、日本でもグーグル本社と国の第三者機関による削除のルール作りが検討されるべき時期にきているのではないかと思っています。

## 検索結果はインデックスか、コンテンツか

ここでは、グーグル本社に対する「検索結果削除仮処分決定」の要点をまとめてみたいと思います。

以前から、掲示板管理会社やブログサイト運営会社、口コミサイト運営会社等に対しては、いわゆるコンテンツプロバイダであるということで、サイト内のコンテンツの削除義務が認められてきました。そして、削除義務を検討する際には、サイト側に故意・過失があったかどうかという主観面は問題とされていませんでした。

たとえば、掲示板に違法な情報を書いているのは掲示板利用者であり、掲示板管理会社ではありませんが、掲示板管理会社の認識を問題とすることなく、削除義務が認められてきたのです。

これに対し、グーグルは、「検索結果として表示されるURL、タイトルおよびスニペットは、自動的かつ機械的に集められインデックス化しているだけであり、我々の主観的な判断が入っていない」とし、削除義務はないと主張してきました。スニペットとは、検索結果において、タイトルとリンク先URLの下に表示される、3〜5行ほどの情報のことです。スニペットは、オリジナルのサイトからの抜粋《ばっすい》になっています。

すでに何度か述べているように、グーグルは「ウェブページに表示されるコンテンツを管理しているコンテンツプロバイダではない」と主張し続けてきましたが、「自動的かつ機械的に」といっても、そのプログラムやサービスを設計して作ったのはグーグル自身です。グーグルの意思が介在《かいざい》しているうえに、インターネットの歴史から見ても検索サイトはインターネットにおけるコンテンツのひとつに過ぎないことから、検索サイトもまたコンテンツプロバイダであり、削除義務が認められてしかるべきなのです。

２０１４年10月の東京地裁の決定も、「サイトを管理する債務者に削除義務が発生するのは当然である」とし、グーグルがコンテンツプロバイダであることを認めています（その約2年半後に出た最高裁判所２０１７年1月31日決定では、検索結果にはグーグルの表現という側面があるとして、コンテンツプロバイダの性質があると判断されています）。

さらに、グーグルの「自動的かつ機械的に」という主張は、削除義務と損害賠《ばい》償《しょう》責任の要件を混同しているもののようにも読み取れます。

グーグルがコンテンツプロバイダであれば、プロバイダ責任制限法によって損害賠償責任を考えればよいことになりますので、損害賠償責任は「他人の権利が侵害されていることを知っていたとき」、または「他人の権利が侵害されていることを知ることができたと認めるに足りる相当の理由があるとき」（同法3条1項）でなければ負うことはありません。

そのため、グーグルの「自動的かつ機械的に」という主張は損害賠償責任を否定する理由とはなっても、削除義務を否定する理由とはならないと考えられます。

東京地裁の決定はタイトルおよびスニペット自体から権利侵害の明白性を認定するもので、リンク先の違法性については検討していません。しかし、あとで紹介する最高裁判所2017年1月31日決定の解説によると、リンク先の違法性に基《もと》づきグーグルに検索結果の削除を求めることができるとされています。

## 「忘れられる権利」の大きな一歩

東京地裁の決定が出たあと、多くのメディアが好意的に決定を報じてくれました。「インターネット時代の新しい権利として必要」「忘れられる権利は重要」。おそらくこうした報道が、裁判官の目にも触れたのではないかと思うできごとがありました。

年は替わって、大阪高等裁判所2015年2月18日の「ヤフーに対する検索結果の削除請求訴訟」の判決は、結論としてはヤフーに対する検索結果の削除を認めていませんが、「忘れられる権利」「検索結果の削除請求」の問題にひとつの解答を示しています。

大阪高等裁判所は、「本件検索結果に係るスニペット部分に記載された本件逮捕《たいほ》事実は、控訴人の社会的評価を低下させる事実であるから、本件検索結果に係るスニペット部分にある本件逮捕事実の表示は、原則として、控訴人の名誉を毀損《きそん》するものであって違法であると評価される」という表現で、スニペットが人格権侵害となるケースが存在することを認めています。

この事件は逮捕報道の削除に関するもので、事件からあまり時間が経過していないという理由で、結果的には削除が認められていません。ただ、グーグルやヤフーといった検索サイトに対し、検索結果の削除を求めることが可能であるということは、高等裁判所によっても認められたのです。

この大阪高等裁判所の判決と、私が関わった東京地方裁判所の決定は、検索結果として表示されるタイトルとスニペットの違法性を論じている点で共通しています。しかし、東京地方裁判所の仮処分決定は、あくまでも「仮」の決定であり、法的には暫定《ざんてい》的な判断でしかありません。他方で大阪高裁判決は、訴訟をした結果としての「判決」で、しかも地方裁判所ではなく高等裁判所ですから、その重みは格段に違います。

とはいえ、2014年10月9日東京地方裁判所がグーグルに対して検索結果の削除を命じる決定を出したことは、日本における「忘れられる権利」にとって大きな一歩と捉《とら》えています。検索結果の削除が命じられたということは、人々を苦しめるサイトへの入り口をふさぐことができるということです。

従来は、たとえば5つのサイトへの削除仮処分を弁護士に依頼をすると、費用は

1サイトあたり20～30万円×5サイト＝100～150万円かかっていました（第4章でも紹介しています）。それが、検索サイトへの削除仮処分1サイト分で済むため、依頼者にとってはコストも抑《おさ》えられます。

ネット上の記事や情報がいつまでも人々の記《き》憶《おく》に留まり、忘れてもらえないのは、検索結果に出てしまうからです。そのため、検索結果に出てこなくなることがとても重要です。検索結果に出なければ、人々がサイトにたどりつくこともほぼありませんので、知られたくない個人情報や違法で不利益を被る記事が人目に触《ふ》れることもなくなります。そして、自然に人々の記憶から忘れられていきます。これこそが「忘れられる権利」です。

## 違う風を起こした最高裁決定

東京地裁の決定をきっかけとして、省庁や検索事業者側でも検索結果の削除について検討が始まりました。また地裁の決定で勇気を得た多く方から「検索結果削除」の相談が寄せられました。そして名誉毀損の検索結果、プライバシー侵害の検索結果など、多くの検索結果が削除の対象だと判断されました。他方で、犯罪報道の検索結果削除に関する事案では「忘れられる」に十分な時間が経過しているかどうかがひとつの基準でしたので、削除が認められないものもあったと思います。ただ、裁判例を重ねていけば、このケースなら3年、こういうケースは5年というように、事実上の基準が確立されていくのだろうと私は考えていました。

ところが、東京地裁の決定から約2年半経った、2017年1月31日、最高際決定によって、この流れに大きな「待った」がかけられたのです。

最高裁決定は、約5年前の逮捕報道の検索結果削除に関する判断であり、結論から言えば、「削除は認めない」というものでした。

決定では、「その者のプライバシーに属する事実が伝達される範囲《はんい》とその者が被る具体的被害の程度」や「当該事実を記載する必要性」など、6つの項目を総合衡量して、「当該事実を公表されない法的利益が優越することが明らかな場合」にのみ、検索結果の削除が認められるとの判断が示されました。

逆に言えば、当事者のプライバシーと、その情報を公表する必要性を天秤《てんびん》にかけ、情報を公表する必要性のほうが高ければ、削除は認められないということです。

この考え方自体は、従前の紙媒体《ばいたい》における判断基準と共通してはいますが、検索結果削除に関しては「当該事実を公表されない法的利益が優越することが明らかな場合」というハードルが課されたことにより、一般的なプライバシーならば格別、逮捕報道の検索結果は、削除することが難しくなりました。

実はこの案件は、１段階前の東京高裁でも２０１６年７月12日に削除を認めないという決定を出されていたのですが、その決定のポイントとなった理由のひとつに以下の点がありました。

「忘れられる権利」などという権利は日本にはなく、人格権侵害差止請求権で検討すれば足る。

しかし最高裁は、「忘れられる権利」については何も触れていません。まだ時期尚早《しょうそう》と考えたのでしょう。

この最高裁決定の後は、犯罪報道の検索結果の削除請求はほとんど認められなくなりました。どの裁判所も「いまだ公共の利益に関する事実である」として、事件から10年経過しているケースでも、嫌疑不十分で不起訴になったケースでも、執行猶予《ゆうよ》期間が満了しているケースでも、犯罪報道の公共性を理由にして、削除を認めないとしているものが目立ちます。飲酒運転の自損事故でさえ、公共性を理由として削除は認められていません。

結局のところ、犯罪報道は「みんなが知りたいことなのだからネットに晒しておけ」という判断をしているのです。ある意味、東京高裁が言った、「日本には忘れられる権利など存在しない」という結論と同じです。

最高裁決定のあと、ある東京高裁判決では、「当事者の名前を入力しない限り検索結果は表示されない」という理由で、「プライバシーに属する事実が伝達される範囲」は広くはない、と判断したものがあります。しかし、これには大いに疑問を感じます。検索サイトなのだから、何らかのキーワードを入力することは当然、前提になっています。特定の人のことを調べようと思ったら、その人の名前を入力するはずです。これにより、その人に関する検索結果が表示されるのです。にもかかわらず、何らかのキーワードを入力しないと問題の検索結果が表示されないのだから、伝達される範囲は「広くない」などと言ったら、ではどんなケースで裁判官は伝達される範囲が「広い」と考えているのかと反論したくなります。もちろん、この高裁判決については最高裁へ異議申立てをしましたが、最高裁に門前払いされ、高裁の判断は間違っていない、という結論で確定しています。

実は、ネット以外の世界では、犯歴を含《ふく》む個人情報は厳重に保護されています。

たとえば、隣《となり》に住む人には性犯罪の前科があるのではないかと心配になって、警察署や区役所などに出向いたとしても、その人の犯歴など決して教えてはくれません。それなのに、グーグルで検索すれば簡単に教えてくれるのであれば、それこそ、「木を見て森を見ず」の個人情報保護だと言ってもよいのではないでしょうか。

ただ、私はまだ希望を捨てていません。ここにきて、ＥＵのＧＤＰＲが日本にも大きな影響を与え始めています。遅かれ早かれ、Right to erasure（"right to be forgotten"）「消去権」（「忘れられる権利」）は無視できないものになっていくでしょう。しかも現実的に「忘れられない」ことで困っている人がたくさんいるのです。困っている人がいるところには必ずルールができます。その過渡期にあるいま、大事なことは、「忘れられる権利」への理解と議論なのです。

第２章

Episode2

# ネット上の書き込みに困り、苦しんでいる状態から脱したい

記事の削除・発信者の特定ができる事例、できない事例

この章では、ネットの書き込《こ》みによる、私たちの生活へのさまざまな影響《えいきょう》について、さらには、公開されたくない情報や不利益を被《こうむ》る記事はどれくらい削除請求《さくじょせいきゅう》できるのかを、ケースごとにまとめてみたいと思います。

本書で紹介《しょうかい》する事例は、報道されたケースや、実際の相談例をもとに抽象化《ちゅうしょうか》したフィクションですので、モデルケースとお考えください。

個人からの相談事例は、大きく分けて、名誉毀損《めいよきそん》（名誉権侵害《しんがい》）、侮辱《ぶじょく》（名誉感情侵害）とプライバシー侵害に分かれます。相談割合としては名誉毀損＋侮辱が8割、プライバシー侵害が2割といった印象です。法人からの相談事例は、名誉毀損（名誉権侵害）と営業妨害《ぼうがい》（営業権侵害）とに分かれますが、名誉毀損が営業妨害になっているケースも多いため、明確には分けられません。

名誉毀損、侮辱に関する相談は、インターネットで誹謗《ひぼう》中傷を受けているので削除できるか、プライバシー侵害は、個人情報が書かれているので削除したいというものです。どちらの場合にも、書いた人を特定できるか、慰謝料《いしゃりょう》を請求できるか、という相談があります。

対応方法として提案しているのは、削除請求をする、投稿者《とうこうしゃ》を特定のうえで、もう書かないように請求する、慰謝料請求をする、警察に相談する、といった方法です。

## 「不倫」「セクハラ」「パワハラ」をしているとの書き込み

会社員の世界において、上司、同僚《どうりょう》の悪口や良からぬ情報がやり取りされるのは世の常ではないかと思います。

ただし、ネットの掲示板《けいじばん》にそういった悪口や噂話《うわさばなし》、プライバシー情報が書かれることは、居酒屋での憂《う》さ晴らしや井戸端《いどばた》会議のネタにされるのとは訳が違《ちが》います。「ここだけの話」に留《とど》まらず、不特定多数の人の目に触《ふ》れ、場合によっては、根も葉もないことがまるで事実であるかのように拡散されてしまうこともあります。

人事担当者が社員に関する情報をネット検索《けんさく》していると言われるいま、ネットの記事や情報が人事評価に影響を与えかねないだけに、知らぬが仏では済まされません。また、そういった書き込みが、転職活動に影響を与えることもあります。

よくある相談例には、「不倫《ふりん》をしている」「パワハラをしている」「セクハラをしている」「取引先からバックマージンをもらっている」「会社のお金を私的に使っている」などと書き込まれ困っているといったものがあります。

では、こうした好ましくないと思われている書き込みすべてに対して、削除請求は可能なのでしょうか。

法的には、名誉権侵害、侮辱、プライバシー侵害にあたるかどうかを考える必要があります。

まず、名誉権侵害は、「そんなひどい人だったのか」と思われてしまうような、根も葉もない悪口を書かれた場合が該当《がいとう》します。ただし、書いた人の主観に基《もと》づいた意見や感想の場合は、名誉権侵害にならないことがあります。

侮辱は、プライドが傷つけられた場合です。もっとも、プライドが傷つくかどうかは人によって異なりますので、誰《だれ》であっても傷つくような程度のひどい表現の場合に限ります。

他方、プライバシー侵害は、その人の立場になったとき、誰もが嫌《いや》だと思うような個人情報を書かれた場合が当てはまります。〝誰もが嫌だと思うかどうか〟がプライバシー侵害のポイントです。よく、自分の名前が表示されること自体、嫌なので削除したいという相談がありますが、名前の表示は、誰もが嫌だと思うような個人情報の公開ではないため、プライバシー侵害では削除請求ができません。

## 名誉毀損？　それとも、プライバシー侵害？

たとえば、ある会社の斉藤部長が「斉藤部長は、部下の女性と不倫をしている。先週の金曜日の夜、ホテル街をふたりで歩いていた」などとネットの掲示板に書かれていることを知り、削除したいと思った場合はどうでしょう。

この場合、実際に不倫をしているか、していないかによって侵害される権利は異なります。不倫をしていないにもかかわらず、まるで不倫をしているかのように書かれた場合は、「そんな人だったのか」と一般的《いっぱんてき》には思われるでしょうから名誉権侵害にあたり、逆に、実際に不倫をしていた場合は、誰しもが公開を望まない個人情報ということでプライバシー侵害になります。

そのため、どちらのケースでも原則として削除請求ができます。

ただし、そこに書かれている「斉藤部長」がどこの誰であるかを特定できることが前提です。完全に伏《ふ》せ字で前後の投稿を読んでもその部長がどこの会社のどの部署の斉藤部長なのかがわからなければ、特定の人の権利を侵害しているとは判断されません。同じ理由で、同姓同名の人に関する話である可能性があれば、たとえフルネームが書かれていたとしても、特定の人の権利を侵害しているとは判断されません。

では、「斉藤部長はセクハラおやじ」と書かれた場合はどうでしょう。

実際にセクハラをしていないのにセクハラをしていると書かれた場合は名誉権侵害で削除請求できますが、実際にセクハラと言われても仕方のないような行為《こうい》を行っていた場合は、その投稿により社内での査定に影響があっても、社会的評価が下がったとしても、法的な削除請求はできません。また、不倫と違って、セクハラをしている事実の指摘《してき》は、プライバシー侵害にならないと考えられます。

東京高裁でも、具体的にどんなセクハラ行為をしたのか書かれていなくても、「女性に対して人間の尊厳を奪《うば》うような性的な言葉を発し、行動をした者と推測できる」という理由で名誉権侵害にあたるとした判決があります。

ただし、「セクハラ」は、行う側とその行為を受けた側の認識にズレが生じるものです。親しみを込めて接したつもりが、セクハラだと受け取られることもありますので、「セクハラなどしていない」という主張で削除請求をする場合には、事例ごとに慎重《しんちょう》に検証しなければなりません。

それではさらに、似た表現として「斉藤部長はパワハラ上司」はどうでしょうか。「パワハラ」は「セクハラ」と違って、あまり言葉の外延《がいえん》が明確ではありません。単に「パワハラ上司」と書かれただけで、具体的にどんなことを部下にしたのかが書かれていない場合には、「そんなひどい人だったのか」と思うかどうかが判断できません。そのため、「パワハラ上司」だけでは、実は削除請求はしにくいのです。

## 事実無根の情報を書き込まれたら、どうする

「取引先からバックマージンをもらっている」「会社のお金を私的に使っている」「反社会的活動と関わりがある」などと事実無根のことを書かれ、困っている、という場合はどうでしょうか。

こうした書き込みを人事担当部署から指摘されては一大事です。一刻も早く記事を削除したいと思うのは当然のことです。

こういった内容の情報は、「そんなひどい人だったのか」と一般的に思われるはずですから、事実無根であれば、名誉権侵害として削除請求ができます。

また、女性を対象とした誹謗中傷として、あたかも不特定多数の男性と性交渉《せいこうしょう》をしているかのような表現を用いた書き込みが挙げられます。このケースは、「そのような事実はない」という主張で名誉権侵害を主張することもできますし、使用されている言葉によっては、ひどい侮辱だ、という主張をすることもあります。いずれにせよ、削除請求ができます。

ところで、相談者に、「事実無根の部分を指摘してください」とお願いすると、「この店のラーメンはまずい」の部分が事実無根だ、といった回答をする人も珍《めずら》しくありません。しかし、お客がまずいと思ったかどうかは、個人の主観に基づく意見・感想ですので、これに対しては事実無根という反論ができません。

そのため原則として、削除請求はできません。

## 検索候補による名誉毀損は削除できるのか

たとえ、そういった書き込みが事実無根だとしても、いくつものサイトにコピーされ、拡散していた場合はどうでしょう。

いくつかの記事を見た人が、ほかにも似たような記事があるのではないかと思って「A社　斉藤部長　セクハラ」という単語の組み合わせで何度も検索すると、「A社　斉藤部長」と入力しただけで、自動的に「セクハラ」というワードも検索候補として表示されるようになる、という問題があります。これが検索候補による名誉毀損の問題です。

では、検索候補は削除請求できるでしょうか。

残念ながら、東京高等裁判所では、検索候補が名誉毀損になるとは認められていません。単に、キーワードが並んでいるだけだから、という理由です。

よく、企業《きぎょう》からは「会社名を入力すると、ブラック、悪徳、といった検索候補が表示されるので消したい」という相談があります。しかし、単にキーワードが並んでいるだけですから、裁判所では認めない、という結論になる可能性が高いと思います。

なお、検索候補ではなく、投稿として不穏《ふおん》なキーワードが並べて書かれた場合には、その投稿が名誉毀損になるという東京高等裁判所の判決もありますので、キーワードに過ぎないというのは、絶対的な基準ではないと思われます。

実際、検索サイトに任意の削除請求をすると、検索候補を消してくれることもあります。

## 病歴や家族に関する情報は削除可能か

プライバシーの侵害に該当する個人情報のひとつに自身の病歴があります。

すでに、完治して数年を経ているというのに、過去にかかった感染症や性病に関する情報がいつまでも残っている、がん治療《ちりょう》を受けていることが書き込まれているなど、手術、入院、通院などの個人情報が何らかの形でネットに存在しているから削除したいというものです。

こうした記事が就職や結婚に不利に働くかもしれない、と不安を抱《かか》えている人もいるでしょう。

まさに、「その人の立場に立ったとき誰もが嫌だと思うような、公開を望まない個人情報」であり、その公開はプライバシー侵害です。裁判所でも削除請求が認められると思います。


これに対し、家族の情報の場合は、その人自身のプライバシーと言えるかどうか、微妙《びみょう》な判断になるものが多いと思います。たとえば、父親の病歴はどうでしょうか。父親自身の立場に立てば、公開を望まない情報と言えるかもしれませんが、子どもの立場に立った場合は、公開を望まない、とまでは判断されないケースも多いと思います。たとえば、遺伝する病気であれば、父親がその病気にかかっているのだから子どもも罹患《りかん》している可能性がある、と思われるかもしれませんので、プライバシー侵害が言える可能性はあります。

そのため、家族に関する情報でプライバシー侵害を主張したいのであれば、その家族本人が削除請求するのが近道だと思います。もっとも、法的な請求ではなく任意請求であれば、そこまで厳密には判断されないはずですので、「家族のプライバシーが書かれているので削除してほしい」と言ってみてもよいと思います。

## 風俗、ＡＶなど、職業に関する情報に悩む日々

第1章で、フランスに住む女性が20代のころにたった一度撮影《さつえい》したヌード映像が30万を超《こ》えるサイトにコピーされていることがわかり、それが原因でいまも仕事に就《つ》けないと、検索サイト世界最大手のグーグルを相手取り訴訟《そしょう》を起こした事例を紹介しましたが、こうした過去の画像、映像がネット上にいつまでも残り続けていることで困っている、というケースは日本でもあります。

若いころＡＶ女優をしていた時期もあったけれど、いまは結婚して子どももいる。夫にはすべてを話し理解をしてもらっているが、子どもが大きくなり親について検索したときのことを思うと不安になる。また、子どもの友人やママ友に検索されるかもしれないので削除したい、という例。

また、大学に通いながら、風俗《ふうぞく》のバイトをしていたことがあるが、「あそこの○○ちゃん（源氏名《げんじな》）は、○○大学の○○さんだ」と本名がネットの掲示板に書かれているため、就職活動を始める前に削除したい、という例などです。

こういったケースでも、情報が出ている掲示板サイト、ブログサイトなどの管理会社に対して裁判所で削除仮処分を申立て、削除が認められています。

削除理由は、プライバシー侵害です。その人の現在の立場に立ったときに、誰しも公開を望まない個人情報である、と主張します。

## リベンジポルノの恐怖から逃れられる日はくるのか

元交際相手や元配偶者《はいぐうしゃ》の裸《はだか》や下着姿など、私的な恥《は》ずかしい写真や動画をネット上にばらまく行為は「リベンジポルノ」と呼ばれ、国内外で社会問題化しています。日本では２０１４年11月に「私事性的画像記録の提供等による被害《ひがい》の防止に関する法律」、いわゆる「リベンジポルノ防止法」が成立しています。別れた後や関係がこじれた結果、嫌がらせ目的で流出されるケースが多いとされ、被害の中心は若い女性たちだそうです。

報道によると、ある女性は「ネット上であなたの写真を見た」と友人から言われ、検索してみると、元交際相手宛《あ》てに送った下着姿の画像が人気通信アプリ上で閲覧《えつらん》できるようになっていて驚いたそうです。この女性は、元交際相手個人に送った写真がネットに拡散するとは、想像していませんでした。

ふたりだけで共有する画像だと思ってメールに添付《てんぷ》しただけにショックを受け、いつ、どこで、誰の目に触れるかわからない恐怖《きょうふ》に慄《おのの》く日々が続いていたようです。

この事例のように、元交際相手と撮影した画像や動画がネットにアップロードされてしまい、世間や結婚相手に知られないかと不安を訴《うった》えるなど、スマートフォンの普及《ふきゅう》によりリベンジポルノの被害は拡大を続けています。

リベンジポルノについても、プライバシー侵害を理由として、サイト管理者やサーバー管理者に削除請求をすることができます。

リベンジポルノに限った話ではありませんが、デジタル画像は編集もコピーもアップロードも簡単にできるため、その扱いには慎重にならなければいけません。たとえ、個人宛てのメールに添付した画像でも、受け取った相手は、その画像を別の人に転送することも、SNSに投稿することも容易にできるのです。

個人情報に限らず、こうした不適切な情報の削除に技術で対応する取り組みも進んでいますが、名前で検索した際、問題の画像が検索結果に出てこないようにすることも重要です。

リベンジポルノの被害者にとっても、EU司法裁判所が「忘れられる権利」を認める判決を出したことや、東京地裁が検索サイトに対して検索結果の削除命令を出したこと、そして、最高裁が削除基準を示したことは、大きな意味があると感じます。

## 若気の至りでは済まされない事態に陥るケースも

「バカッター」という言葉を聞いたことがあるでしょうか。バカとツイッターを結合した言葉とされ、ツイッターなどのSNSにおける不用意な投稿を指します。

2013年の夏以降、コンビニエンスストア、外食店などで、アルバイト店員や客が「悪ふざけ・悪ノリ画像」をSNSに投稿する事件が相次いで起こり、報道されています。

コンビニエンスストアのアルバイト店員がアイスクリーム用冷凍庫に入った写真をフェイスブックに投稿したために、店舗《てんぽ》がフランチャイズ契約《けいやく》を解除される事態に発展した例もあれば、客としてコンビニエンスストアに入店した私立高校2年の男子生徒3人がアイスクリーム用冷凍庫内で寝転んだ写真をツイッターに投稿し、京都府警が高校生らを「威力《いりょく》業務妨害」で書類送検した例もあります。

また、ステーキレストランの男性アルバイト店員がキッチンの冷凍庫に入った自分の写真を「バイトなう、残り10分」とツイッターに投稿した例では、すぐに、「【拡散希望】ステーキハウス○○○でバイトしている○○専門学校の○○君がお店の冷蔵庫に入って遊んでるよ。最近あれだけニュースで騒《さわ》がれてるのに学習能力ゼロだね（一部省略）」という投稿があり、一瞬《いっしゅん》でネット上に拡散していきました。

その騒動《そうどう》に気づいた男性アルバイト店員は、さらに、火に油を注ぐような投稿で応戦し、大炎上《だいえんじょう》です。そして、ステーキレストランの本社には電話やメールなどでの苦情が多数寄せられ、問題を起こした東京都内の店舗が閉店に追い込まれました。

こうした「バカッター」の投稿に巻き込まれた企業や店側はホームページ等で謝罪し、商品の廃棄《はいき》、店内の消毒などのために休業せざるをえない事態となり、紹介した事例のように、店舗の閉店、フランチャイズ契約の解除などに至ったケースもあります。

バカッターのうち悪質な一部のものを「バイトテロ」「一般客テロ」などと表現することもあります。たとえば、お好み焼き店を訪れた客がソースとマヨネーズの容器の先を鼻の穴に押し込んだ画像をアップした例、回転ずしを訪れた客が軍艦巻《ぐんかんま》きにタバコを突《つ》き刺《さ》した画像をアップした例、アルバイト店員が靴《くつ》を履《は》いたまま食洗機の中に入っている画像をアップした例などがあります。

投稿された画像を見た人からの苦情で知らされた店主にしてみれば、長年かけて積み上げてきた信用を一瞬で失ってしまうのですから大問題です。実際に閉店に追い込まれた飲食店の中には、人生をズタズタにされたとして、客やアルバイト店員を威力業務妨害で告訴《こくそ》し、損害賠償《ばいしょう》を請求する例も出ています。

こうなると、悪ふざけ・悪ノリでは済まされない加害行為です。そして、店主の人生だけでなく、投稿者の将来をも台無しにする可能性があります。

早ければ数時間で炎上し、実名や学校名などが特定され、顔写真までもがネット上に晒《さら》され、あっという間に拡散します。一度ネット上に拡散した名前や写真を回収するのはほぼ不可能です。

そして、待っているのは想定を超える社会的制裁です。悪ふざけがとんでもない「結果」を招き、大問題に発展してしまうことがあります。

ほかにも、制服姿での喫煙《きつえん》や飲酒、万引きや不法侵入などの画像を自分の手で投稿する中高校生も後を絶ちませんが、こうした投稿もすぐに拡散され、学校が特定され教師や保護者の知るところとなります。しかも、自分の手で証拠《しょうこ》写真をアップし、違法《いほう》行為を自己申告しているのですから言い逃れはできません。

拡散された情報は半永久的にネット上に存在し続け、10年後、20年後も、名前を検索すれば出てきてしまいます。人事採用担当者、取引先などが名前を検索する時代ですから、若気の至りでは済まされません。

自宅謹慎《きんしん》や停学という処分は一時のことかもしれませんが、悪ふざけの代償《だいしょう》は将来にわたって続いていきます。そして、ことの重大さに気づくのは後になってのことです。9割の若者がスマートフォンを保有している時代に、こうした悪ふざけ投稿は今現在もネット上に蓄積《ちくせき》され続けています。

では、バカッターは削除請求できるでしょうか。

もちろん、自分で投稿したツイートは自分で削除できますし、自分のブログであれば自分で削除できます。問題は、拡散された情報を削除請求できるかという点です。

おそらく、拡散されている情報は、自分で投稿した情報のコピーですので、原則として削除請求できません。ただし、何年も経《た》ったあとであれば、「他人に知られたくない若気の至り」はプライバシーであるという理由で、削除請求ができるかもしれません。

## 迂闊な言動がネット上で晒される恐怖

自分自身の手による不適切な投稿が取り返しのつかない事態に発展した例も報道されていますので、紹介します。

報道によると、ある大学に通う学生らが起こした準強姦《じゅんごうかん》事件を容認するような投稿をした同じ大学に通う男子大学生のツイッターで大炎上が起こりました。

ことの発端《ほったん》は「〇〇生がレ〇プねー。別に悪いと思わないね。皆同じようなことしてでんじゃん。（一部省略）」というツイートです。

すぐに、このコメントが不快だという批判が殺到《さっとう》します。投稿した男子大学生は炎上に気づき、アカウントを削除しますが、ときすでに遅し。過去のツイートまでもが次々に掘《ほ》り起こされ、その「俺様《おれさま》」発言がネットユーザーたちからの反感を買う結果になります。

アカウントから割り出されたユーザー名から、実名と写真、大学・学部・所属サークル、就職内定先の大手百貨店も特定されてしまいました。さらには、その矛先《ほこさき》は就職内定先である大手百貨店へ向けられます。内定取り消しを求める「電凸《でんとつ》（電話突撃《とつげき》）」と言われる電話抗議《こうぎ》が始まり、ツイッター上で就職内定先への抗議呼びかけが拡散していきます。

問題のツイート投稿翌日には、電話抗議の様子をユーストリームで生中継《なまちゅうけい》する者まで現れ、ヤフーニュースのヘッドラインにまで「『レイプ容認』発言で炎上〇〇大生　内定先大手百貨店に『電凸』騒ぎ」と題したニュースが掲載《けいさい》されました。

また、都内の有名ホテルでは、「〇〇と〇〇がご来店。今夜はふたりで泊《とま》るらしいよ」と、ホテル内の飲食店でアルバイトをしていた女子大生がツイッターに投稿しました。ツイッターの内容を指摘する電話を受けたホテル側が女子大生に確認して、女子大生が投稿を認めたため、ホテル側は有名人男女に謝罪しました。総支配人名でのお詫《わ》びもホームページに掲載しました。

さらには、行政機関でもこうしたことは起こっています。

2015年2月16日、兵庫県姫路市は同市資産税課の職員が市内の企業から提出された固定資産税の申告書が写り込んだ画像をツイッターに投稿していたと発表しました。市は職員に画像の削除を指示し、この企業にも謝罪しました。

この職員は1月27日に、庁舎内の机の上で飲み物などをスマートフォンで撮影。「ヨーグルトでお腹《なか》がぐるぐるなってますわ」などの書き込みとともに撮影した画像を投稿。その画像には机の上にあった申告書類に記載《きさい》されていた社名や資産取得価格などの一部が判別できる形で写り込んでいました。外部からの指摘を受けて発覚。職員は書類から情報が漏《ろう》えいする可能性を認識していなかったといい、謝罪していることです。

この職員は、以前にも、辞令や自身の残業申請書類なども投稿していたことを認め、市は職員の処分を検討しているとし、「インターネット上での情報流出など再発防止のため、研修などで個人情報の管理を徹底《てってい》する」とコメントしました。

これらは、不用意な発言や安易な投稿が招く恐《おそ》るべき事態です。社会人としての自覚や意識が足りないことが原因と思えます。

またたく間にリツイートされ、拡散してしまったあとでは削除したくても対応は不可能です。ましてや、社会的制裁はそのときだけに留まらず、いつまでもついて回ります。

では、拡散された迂闊《うかつ》な投稿は削除請求できるでしょうか。自分で発信した情報のコピーであるため、前出のバカッターと同じく、原則としてできません。ただし、やはり何年も経過したあとであれば、「他人に知られたくない過去の発言」はプライバシーであるという理由で、削除請求ができるかもしれません。

## 子どもが書き込んでしまった記事や悪口を削除したい

デジタルネイティブと言われる現代の小学生は、物心ついたときからＩＣＴは身近なものであり、スマートフォンも大人以上に使いこなしています。しかし、ＩＣＴの進化にリテラシーが追いつかず、さまざまなトラブルに巻き込まれることもあれば、自らの手でトラブルを引き起こしてしまうこともあります。

２００８年３月には、小学生が「2ちゃんねる」に「殺人予告」を書き込み、軽犯罪法違反（業務妨害）の非行事実で補導されたことがありました。「３月３日（月）15時に福岡県内の小学生を殺してみる」という書き込みを見た人からの通報を受けた警視庁が通信記録を照会したところ、福岡県内に住む小学6年生の男児が自宅のパソコンから書き込んだことがわかりました。

予告当日、福岡県内の小中学校では集団下校や保護者が子どもを迎《むか》えに行くなどの対策を実施《じっし》。地域社会に大きな影響を与えてしまいました。

また、掲示板に友だちの悪口を書き込んだ子どもが、転校を余儀《よぎ》なくされた例など、子どもによる投稿を消したいという親御《おやご》さんからの相談も少なくはありません。

では、子どもの投稿だからという理由で、親、または子ども自身が掲示板サイトに削除請求することはできるでしょうか。親としては、子どもの将来に影響を与えかねないため、子どもの書いた投稿を削除請求しておきたいと思うのも無理はありません。

しかし、これは残念ながらできません。

今の日本の法制度では、書いた人自身による削除請求はできません。書かれて被害を受けた人が、自分の権利侵害を理由として削除請求するしかないのです。ただし前出と同じですが、何年も経過したあとであれば、「他人に知られたくない若気の至り」として、プライバシー侵害を理由に削除請求できるかもしれません。

なお、法的に削除請求ができない場合でも、サイトの管理者にお願いするという形で消してもらう方法はあります。また、被害者に謝罪して協力を得て、裁判所で削除請求する、という方法もあります。

カリフォルニア州には、未成年者消しゴム法と呼ばれる法律があり、未成年者がうっかり書いてしまった情報については、削除請求できる制度になっています。日本でも、このような制度が必要ではないかと思います。

## 10年以上前のチカンや盗撮、行政処分歴などを削除したい

既述《きじゅつ》のとおり、2014年5月13日、EU司法裁判所が「時間の経過とともに意味を持たなくなった情報などは、個人の求めに応じて一定の条件の下でリンクを削除する義務がある」と指摘し、スペイン人の男性が求めていた検索結果の削除請求を認めて以降、「忘れられる権利」が注目を集めています。

その後、EU域内では検索結果の削除依頼が急増しました。削除依頼の多くは逮《たい》捕歴《ほれき》や反社会的な活動に関する情報だということです。

たとえば、日本で10年以上前にチカンや盗撮《とうさつ》などで逮捕された場合を考えてみましょう。

すでに罪を償《つぐな》い、更生《こうせい》し、いまや善良な市民として生活しているにもかかわらず、いつまでもその犯罪報道がネットから消せないとしたら、仮に自分がその立場だったら、どう思うでしょうか。

そもそも、人の記憶《きおく》というのはときの経過とともに薄《うす》れ、消え去っていくものです。しかし、ネットにアップされた情報は、アップされたサーバーが壊《こわ》れでもしない限り、いつまでも検索結果に出てしまい、記憶が掘り起こされてしまいます。

日本は、過去に罪を犯《おか》したとしても、更生後は普通の人と同じように生活させましょうという刑事《けいじ》政策を取っていますが、検索結果に出てしまうことが更生を妨《さまた》げる要因にも、再出発を阻《はば》む原因にもなりかねません。同僚や取引先に検索され、過去を知られることで、まじめに働いているにもかかわらず、先入観で判断され、不当な扱いを受けることもあるかもしれません。

さらには、将来、子どもが親の名前で検索し、犯罪歴が出てきたら、どう思うでしょう。子どもにさまざまな影響を与えてしまうことも、いじめの対象になることもないとは言えません。

たとえ、情報が事実だとしても、時間の経過とともに必要性がなくなった情報がいつまでも存在していては、更生を促《うなが》すうえでも望ましくありません。ましてや、子どもまでもが窮地《きゅうち》に立たされることがあってはなりません。

医師、公認会計士、税理士などの行政処分歴も同様です。処分を受けてから10年以上が経ち、まじめにやっているにもかかわらず、過去の過《あやま》ちがいつまでも検索結果に出てしまうのは、再出発の妨げになります。

罪を償い、更生し、10年以上まじめに働き、努力を重ねているのに、半永久的に過去が晒されるのは酷《こく》というものです。最高裁も「更生を妨げられない利益」や「プライバシー」という言葉を使い、犯罪報道の削除請求の理論的な可能性を認めています。

ただし、既述のとおり、何年経過すれば消してよいのかという点について最高裁は明確な判断基準を示していません。何年経過したかということよりも、その犯罪が社会的に拒絶《きょぜつ》反応の高い犯罪かどうか、で判断されている印象が拭《ぬぐ》えません。第1章でもお話ししたとおり、「忘れられる権利」への議論の高まりによって、今後改善されていくことが望まれます。

## 「ブラック企業」の烙印を押され人材が思うように集まらない

ここからは、法人、会社経営者、飲食店・個人商店などの店主からのおもな相談事例を通して、削除請求・発信者情報開示請求が認められるかどうかを考えていきたいと思います。

たとえば、「ブラック企業」と書き込まれた場合はどうでしょう。

サービス残業を強《し》いられている、ノルマを達成しないと自社製品を大量に買わされる、離職率が高いなどの投稿は、事実であればいざ知らず、第三者が言いがかりや嫌がらせで書いたものだとしたら、企業の存続や社員の士気にも関わる問題です。

多くの人がネットを通じて情報を収集している昨今、事実無根であっても、それがまことしやかに書かれていれば、人材募集《ぼしゅう》に悪い影響を与え、企業の競争力、収益が低下する原因にもなります。

ネットでは、長々と書かれた文章より、キーワードそのものに反応しがちです。根拠《こんきょ》がある記事かどうかを検証することなく、「ブラック企業」というキーワードだけで判断する傾向《けいこう》もあります。

マスメディアや自社広告などを通してフォローできる大企業ならともかく、情報発信力の小さい中小企業や個人商店は、バカッターの投稿や悪意のある誹謗中傷ひとつで、あっという間に倒産や閉店に追い込まれてしまうリスクがあります。

経営者や店主からは、「反社会的活動をしているかのような記事が金融機関の担当者の目に留まり、融資《ゆうし》を断られた」「風評が原因で取引を中止したいと申し入れがあった」「良からぬ記事により証券会社から上場できないと言われた」などの相談例があり、裁判所でも削除請求が認められています。

実際に、反社会的な活動をしているなら反論の余地はありませんが、事実無根の記事であれば、名誉権侵害が認められます。

また、単なる個人の主観的な感想・意見だとしても、例外的に、放送禁止用語、差別用語といった社会的に穏《おだ》やかではない言葉で感想を書かれた場合は、削除請求は認められます。

## 口コミサイトの評価に左右される現実

飲み会や食事会の幹事になったときだけでなく、自分で食事をする際にも、レストラン検索サイト・口コミサイトを利用する人は多いことでしょう。そして、口コミサイトでの評判が悪ければ、つい避《さ》けてしまうのが人情です。

ネット通信販売《はんばい》で何かを購入《こうにゅう》するときにも、購入者の評判や評価はとても気になります。そして、評判が良ければ購入の後押しになり、悪ければ購入を留まる判断をすることもあるでしょう。

話題の本を買おうか迷っているとき、気になる映画を観《み》に行こうか決めるときも、事前に書評や満足度をチェックしてしまうほど、口コミサイトの評価、評判は私たちの消費行動に大きく影響を与えています。

しかし、個人営業の飲食店店主などにしてみれば、良からぬことが書き込まれでもしたら死活問題です。実際に、風評で客足が遠のいて困っているというケースもあります。

ただ、営業に影響があるからといって、何でも削除できるわけではありません。「この店のラーメンはまずい」というような個人の主観に基づく感想・意見は、原則として削除することができません。「店員の愛想が悪い」「店の雰囲気が暗い」なども、愛想が良いと思うか、雰囲気が暗いと思うかは人それぞれです。

お客個人の主観に基づく感想ですので消すことはできません。

既述のとおり、例外的に、放送禁止用語のような、社会的に穏やかではない言葉を使って感想・意見が書かれた場合には、そういった表現を憲法の「表現の自由」の名のもとに保護することは不適切ですから、削除が認められます。

では、具体的にはどんな書き込みの削除請求が可能なのでしょう。

ここでは、理解しやすくするために、極端《きょくたん》な状況《じょうきょう》を例として挙げ、説明してみたいと思います。

たとえば、「店の隅《すみ》をゴキブリが歩いていた」と書かれた場合、削除請求は認められるでしょうか。これは、本当にゴキブリが歩いていたのかどうかで結論が分かれます。そんなことはありえないほど衛生管理にコストをかけている、ということであれば、事実無根の書き込みで名誉権が侵害された、として削除請求できる場合があります。そうではなく、ゴキブリが歩いていても不思議ではないという場合には、反真実の立証ができませんから、削除請求は認められないはずです。

もっとも、「ウチは毎日きちんと掃除《そうじ》をして清潔にしているから、ゴキブリがいるはずがない」という立証をすることは簡単ではありません。どんなに清潔にしていたとしても、ゴキブリがまったくいないとは言い切れないため、この書き込みは、事実上削除請求が難しいと思います。

他方で、「ラーメンの上にゴキブリが乗っていた」と書き込まれた場合は、削除できる可能性が高くなります。

なぜなら、万が一、そんなことがあれば、その場でお客からのクレームがあるはずです。しかも、ラーメンをお客に出す際、ゴキブリが乗っていることに気づかない店員がいるとは考えにくいものです。そのため、「いままで、そんなクレームは受けたことがありません。現実問題として、ゴキブリが乗ったラーメンをお客に出すことは考えられません。だから、この書き込みは作り話です」と主張して削除請求することになります。

ただし、口コミサイトの中にある、お店のページをまるごと消したいという請求は認められていません。原則として、違法性のある口コミだけが削除の対象になります。

## ページ全体、スレッド全体の削除請求はできるか

ある女性は、掲示板で中傷記事を大量に書き込まれ、心身ともに疲れ切っていました。彼女には中傷される理由などありません。ただ、有名人と親しくしていたと

いうだけの理由で、中傷の対象になってしまいました。

序章のＱ４で述べたように、権利侵害は個別の記事ごとの判断になります。権利侵害とは関係のない記事、違法ではない記事まで削除することになっては問題が大きいため、裁判所は「掲示板のスレッド全体」を削除せよ、「ブログ全体」を削除せよ、ツイッターの「アカウントまるごと」削除せよ、といった削除決定を原則として出しません。

しかし、ひとつのスレッドの少なくとも半分以上が中傷記事だという理由で、スレッドまるごとの削除請求が認められたことがあります。この女性のように、多くの人から、または少数の人から繰《く》り返し、ネットで中傷されていたという場合はスレッド全体の削除が認められる事例と言えます。

## 業務妨害を理由として削除請求はできるか

ところで、「業務妨害」「営業妨害」という言葉を聞いたことがあると思います。

事実無根の書き込みで営業妨害を受けているのなら、名誉権侵害ではなく、営業権侵害で削除請求すればよいのではないか、と思うのではないでしょうか。

しかし、東京高裁判決には、営業権侵害では差止請求ができない、と言っているものがあります。そのため、営業権侵害では削除請求ができない、といまのところ考えられています。

## 口コミサイトのどこが事実と異なるか

削除相談の多い業種には、病院、歯科医院、美容系クリニック。マンション・戸建業者、住宅メーカー・工務店などの建築関係。さらには学習塾《がくしゅうじゅく》、学校関係などがあります。

家を建てたり、マンションを購入するのは、人生で何度もあることではありません。しかも、収入の多くが支払いに充《あ》てられる高額な買い物になるわけですから、事前に施工《せこう》会社やメーカーの評判をネットでチェックしたい、比較《ひかく》したいと思うのは当然のことです。

病院などの医療機関も、生命や健康に関わることですから、医療体制や手術の実績、医師の専門性や評判を慎重に調べたうえで訪れたいと思うものです。

かつては、「家を建てたいんだけど、腕のいい大工さん知らないか」「マンションはどこのデベロッパーの物件がいいか」「消化器系の病気はどこの病院がいいか」「信頼できる歯医者さんを紹介してほしい」など、知人などを通して情報を得ていたものです。しかし、いまでは、ネット検索で評判や実績を知るようになりました。

それだけに、競争が激しい業種・業界は、口コミサイトが業績に大きな影響を与える現実に無神経ではいられません。書き込まれた内容に神経を尖《とが》らせることになります。

たとえば、「手抜き工事」「反社会勢力と関係がある」などと書かれていたため、投稿者を特定したところ、一般の人からのコメントや口コミではなく、一般人の感想を装《よそお》ったライバル会社のコメントだったケースがいくつかあります。こうした悪意を持ったねつ造記事は、正しい情報を知りたい消費者にとっても問題ですし、書かれた企業にも悪影響や損失を与えるだけに、それ相応の対応をしなければなりません。

ある学習塾の経営者は、「塾の先生は三流大学の学生がバイトでやっています。研修を一切せずに教えているので、教育のクオリティがバラバラです」と書き込まれ、悩んでいました。

もし削除請求したい理由が「三流大学」の部分だとしたらどうでしょう。何を以《もっ》て三流大学というのか、三流大学だからといって社会的な評価が下がるとは限らないなどの理由で、削除請求するポイントとしては弱いと考えがちですが、塾経営者が削除したいと望んでいる点は、そこではありませんでした。

「ウチではすべての講師に事前の研修を行っています。毎週のミーティングも欠かさず、フォローアップ態勢も整えているので、『研修を一切せずに教えている』という箇所《かしょ》が事実に反する」ということで、この書き込みの削除を求めていたのです。削除請求をする場合、具体的な反論箇所を聴《き》いて、法的に組み立てられるかどうかが大きなポイントになります。「三流大学」の部分を問題にすると削除請求は認められませんが、「研修がない」の部分を問題にすれば削除請求が認められる、といったケースは多々あります。

繰り返しになりますが主観的な意見・感想である「ラーメンはまずい」の部分を問題にすると、まず削除は認められません。それ以外の部分で、事実に反する記載がないか、探すことが重要です。

口コミサイトの評判や評価を気にする会社は増えています。いずれの場合も、個人の感想であるのか、事実に反しているのかを調査し、法的に組み立てることができれば、削除請求・発信者情報開示請求（投稿者の特定）は現実的になります。

ネット上もリアル社会と同じようにルールがある

第3章

Episode3

# 誰もが、被害者・加害者になる可能性

この章では、ネット社会においては、身に覚えがなくとも、誰《だれ》もが誹謗《ひぼう》中傷、プライバシー侵害《しんがい》の被害者《ひがいしゃ》になる可能性があり、また、無意識のうちに加害者にもなる可能性もある、というお話をします。

第2章と同様、世の中で起こりうる事例や、実際の相談例を抽象化《ちゅうしょうか》したフィクションですので、モデルケースとお考えください。

## 身勝手な正義感を振りかざす人たち

ネットの誹謗中傷問題を扱《あつか》っていて最も思うのは、誹謗中傷をしている人たちは、自分の正義感でこれらの誹謗中傷記事を書いていることが多いということです。

その正義感が客観的に正しいのか間違っているのかを明確に論じることはできません。しかし、少なくとも、現在の日本の法体系、裁判所の判例上では、身勝手な正義感です。法律によって受け入れられることはありません。

法的に受け入れられない正義感により、当該《とうがい》個人に制裁を加えることは「私刑《しけい》」

であり違法《いほう》です。正義感を振《ふ》りかざした人が、逆に国家から制裁を受ける可能性もあります。

自分の正義感が、現在の日本では法的に許されていない可能性があることを自覚すべきです。原因は法的知識の欠如《けつじょ》です。

炎上《えんじょう》事例や掲示板《けいじばん》の書き込《こ》みの中には、悪口を書き込む側の法的に許されない正義感を垣間見《かいまみ》ることも少なくありません。「彼は、彼女は、間違ったことをした。だから、攻撃されても仕方ない」という身勝手な正義感が、悪口を書き込むという行動をかきたてているようにも思えます。

また、マスメディアで匿名《とくめい》報道されている未成年の容疑者の実名や写真、自宅住所、家族についての情報などがネット上にアップされ、拡散される例も、「犯罪者なのだから、晒《さら》されて当然だ」という、法的に許されない正義感によるものなのかもしれません。

少年法の規定により、少年犯罪については、公益性が違法性阻却《そきゃく》事由にならないとされています。つまり、実名を晒せば名誉毀損《めいよきそん》になるということです。

誰もが、発信者となれるネット社会では、いつ、どこで、誹謗中傷の対象となり、逆に誹謗中傷をする側になるかもわかりません。プライバシー情報が晒され、また晒すかもわかりません。誰もが持っているネガティブ感情が、ネット上ではより強くなりうるということに、私たちはより注意深く向き合う必要がありそうです。

## SNS読者による被害妄想も

就職活動中のある大学生は、就活がうまくいかないのは身に覚えがない書き込みが原因ではないかと考えました。いつも最終面接まで進みながら、最終的に内定をもらえず悩《なや》んでいたとき、友人から「お前に関する書き込みがネット上にあるけど、それが原因では」と言われ、はじめて自分の名前で検索《けんさく》してみました。

すると、「中学時代、○○にいじめられ、死にそうになった」「どこそこで、○○に何度も殺されかけた」などの書き込みが見つかりました。しかし彼には、いじめた記憶《きおく》はありません。

加害者は忘れていても、被害者はいつまでも覚えているのは珍《めずら》しいことではありませんから、この件も、単にいじめたことを忘れているだけだと思うでしょうが、そうではありませんでした。

書かれている内容について聴《き》き取りをしたところ、いじめがあったと書かれている時期、彼は外国にいて、ふたりの間に接点はありませんでした。

「では、なぜ?」、そのような書き込みがされたのでしょう。おそらく、SNS読者による妬《ねた》みではないか、とのことでした。

SNSなどで、誰もが自分の生活を発信できるようになったいま、その生活ぶりが怒《いか》り、妬みの対象になることもあります。「リア充爆発《じゅうばくはつ》しろ」(リアルの生活が充《じゅう》実《じつ》している人に対する、怒り、嫉妬《しっと》を表現する悪口の一種)というネットスラングがあるように、見ず知らずの人、何らかの接点はあるが具体的に交流がない人からの怒りや妬みを買い、それがネットでの中傷の原因になることもあります。

こうした被害に遭《あ》わないよう、情報発信には注意が必要です。

## 写真の投稿、タグ付けには要注意

自分のあずかり知らないところで、自分に関する記事や情報が拡散してしまう点においては、デジタル時代となったいま、写真を撮《と》るとき、撮られるときにも注意が必要です。

フェイスブックなどのSNSには、自分自身で投稿《とうこう》したプライベート画像が氾濫《はんらん》していています。リベンジポルノとも共通していますが、デジタル画像は加工が簡単なため、その画像が見知らぬ誰かによって、コラージュ、合成といった別の使われ方をされ、被害を受ける可能性もあります。

また、フェイスブックを利用している人は、基本設定を確認し、タグ付けされた情報が自分のタイムラインに表示されないようにしておかないと、自分がどこにいたか、といった情報が自分のタイムラインに表示されてしまいます。

たとえば、フェイスブックの友だちが一緒に写った写真にあなたの名前をタグ付けすると、その写真があなたのタイムラインにも表示されます。

そのため、あなたがどこで誰と一緒にいたか、ということがほかの人にも簡単に知られてしまいます。もし、公開を望まない写真だったとしたら、あなたはプライバシー侵害の被害を受けることになります。

また、一度でもタグ付けされると、フェイスブックの自動タグ付け機能により、あなただと思われる写真が投稿された際、友だちがタグを付けやすくなります。この機能により、さらに写真にタグ付けされる機会が増えます。

接待ゴルフで撮られた写真を、ほかの参加者が断りもなくフェイスブックに投稿してタグ付けされれば、ライバル会社の社員の目に触《ふ》れ、取引に支障が出る、ということもあるかもしれません。

フェイスブックの設定で、自動タグ付け提案をオフにしておく、タグ付けされた写真等が自分のタイムラインに表示されないようにしておくなどは、プライバシーを保護するうえでは重要です。

打ち合わせや食事会の画像をよくフェイスブックにアップしている人を見かけますが、顔がはっきりわかる画像は自分だけでなく、そこに写った人すべてのプライバシーを公表していることになります。これは、タグ付けに限った話ではありません。

また、講演会や発表会などの様子をユーチューブにアップすることも日常化していますが、顔が出たところがスクリーンショットされ別の用途《ようと》に使われる可能性もあります。デジタル時代となったいま、いままで以上にプライバシーの自己防衛に努めなければなりません。

## ネットの井戸端会議で加害者に

SNSで繰《く》り広げられる井戸端《いどばた》会議に苦しんでいる人が増えてきました。いままでは閉じた空間で行われていた会話を、昨今はネットでしてしまう人が少なからずいるためです。

井戸端ならぬ、給湯室や階段の踊《おど》り場、公園の片隅《かたすみ》でのヒソヒソ話も、ときには情報交換《こうかん》として必要なこともあります。しかし、これをネットでやってしまうと、それがデータとして残り、検索結果にもヒットするようになります。そんな情報がひとつだけならまだしも、コピーされ、拡散されてしまうと、「ここだけの話」がその人を傷つけてしまうこともあります。

ネットの特性を十分に理解せず、フェイスブックに自分の行動を逐一《ちくいち》アップしている人もいれば、友人との個人的なやり取りを無防備に公開の場で行っている人もいます。また、感情のままに思いや意見をぶつけるような書き込みをしている人も少なからずいます。

しかし、それはとても危険です。

不特定多数の人が見ていることに無自覚なまま投稿してしまうと、その投稿に傷つく人、困惑《こんわく》する人、不快感を抱《いだ》く人がいないとも限りません。さらには、その投稿がシェアされ、拡散された結果、あなたが被害者にも加害者にもなる可能性があります。

## 自分で自分を加害者にしてしまうことも

非常にまれな例ですが、「ネットで不特定多数の人が見ているとは思わなかった」という理由で削除請求《さくじょせいきゅう》が認められた事例があります。サイトに削除機能がないと、自分で書き込んだ記事は基本的に消せません。しかし、それは自己責任を根拠《こんきょ》とするものです。自分の意思で投稿したのだから、どうなるかという結果もわかったはずであり、投稿内容については自己責任、という考え方です。しかし、どうなるかという結果がわかっていなかった場合には、自己責任で突《つ》き放すことはできない、と裁判所も考えたのかもしれません。

自分が自分を傷つけ、加害者になる、という例です。

## 子どものプライバシーを放棄し加害する親たち

「晒されチルドレン」という言葉がある昨今、自分の子どもに関する情報や画像を頻繁《ひんぱん》にSNSなどに投稿する親が少なからず見受けられます。

親には親権がありますから、子どもの同意の有無にかかわらず、子どもの権利を取り扱うことができます。子どものプライバシーをどうするかといった判断も親に委ねられています。そうすると、ネットへの写真の公開は、親が子どものプライバシーを放棄《ほうき》していると捉《とら》えることができます。

たとえば、一緒《いっしょ》にお風呂《ふろ》に入っている画像、大泣きしている画像など、親にしてみればどんな表情も可愛《かわい》く、シャッターチャンスだと思う気持ちはわかります。ただし、フィルムで撮影《さつえい》しアルバムに貼《は》っていた時代とは違います。親類や友人に、アルバムを見せているのとは訳が違います。

SNSやブログにアップするということは、その情報や画像が不特定多数の人の目に触れるということです。

数年後に、親の手によって投稿された画像を見て、傷つく子どもがいないとは限りません。デリケートな思春期に、投稿してほしくなかった姿に悩み苦しむことがないとも言い切れません。

ましてや、いまの子どもたちが成長するころには、いまよりずっとＩＣＴが進化していることでしょう。そのとき、想定外の使われ方をされたり、思わぬ事態に巻き込まれる可能性がないとは言い切れません。

また、ネット上には、可愛い子どもの画像をコレクションしている良からぬ輩《やから》も存在します。顔がはっきりわかる画像の投稿は、くれぐれも慎重《しんちょう》にすべきです。

数年後、思春期になった子どもに指摘《してき》され削除したいと思っても、親が放棄したプライバシーだという理由で、削除請求が認められない可能性もあります。

これは、親が子どものプライバシーを侵害するかもしれない、という話です。

## ステマと逆ステマによる加害と被害

個人商店や企業《きぎょう》がネットの口コミに気を遣《つか》わなければいけない要因のひとつに、ステマ（ステルスマーケティング／stealth marketingの略）と逆ステマと言われるものの存在が挙げられます。

ステルス（stealth）は、英語で「秘密（の行為《こうい》）、こっそりと」などの意味があり、ステルスマーケティングとは、宣伝であると気づかれないように宣伝をすることを意味するマーケティング用語です。

ブログを使ったステマのおもな手法としては、企業が一般《いっぱん》ブロガーに依頼《いらい》し、ブロガーは企業から依頼されていることを明かさず、その企業の当該商品やサービスを絶賛する記事をブログに書き込むというやり方があります。

過去においては、ブログのアクセス数が多い芸能人などにステマの依頼をしていることが明らかになり、問題になったニュースを記憶している人もいるでしょう。

実際には使っていない商品なのに、あたかも使ってみて、良い商品だったと芸能人が思ったかのようなブログが書かれていました。

また、企業の担当者自らが一般消費者を装《よそお》い、自社の商品やサービスを賞賛するブログ記事を頻繁にアップしたり、広告代理店、マーケティング会社などの業者に依頼して記事を書かせるケースも見受けられます。

ブログ以外にも、通販《つうはん》サイトの口コミページやレビューへの投稿など、さまざまなサイトでのステマが考えられますが、2015年3月20日には、インターネット通販大手「楽天市場《らくてんいちば》」で、11万件を超《こ》える「やらせ投稿」を出店者が業者にさせていた問題で、運営会社の楽天が、当該業者に約2億円の損害賠償《そんがいばいしょう》請求訴訟《そしょう》を大阪地裁に起こしたと報じられました。

報道によると、楽天が調査した結果、当該業者が大量のＩＤを使い分けて商品を架空《かくう》発注し、取引実態があるかのように装って、好意的な口コミの投稿を繰り返していたことが判明したとのことです。

違法なヤラセ業者は、金銭を受け取った企業の商品や飲食店の評価を上げるために、好意的な書き込みを行うだけでなく、ライバル会社や競合店の評価を下げるような逆ステマと言われる書き込みも行っています。

逆ステマのターゲットになった会社や店はもちろんですが、ステマや逆ステマを信じて実際の商品やサービスを購入《こうにゅう》した消費者も被害者です。

もっとも、ネットの情報は、誰が書いているか見ただけではわかりません。それがステマ、逆ステマっぽく見える、というだけでは、削除請求や投稿者の特定はできません。やはり、何か事実に反する記載《きさい》を探し、名誉権侵害だと言うしかありません。

例外的に、サイトの作り、ドメイン名の登録者からして、ステマであることが明らか、というケースがあります。たとえば極端《きょくたん》な例ですと、競合他社の関係者が保有しているサイトに口コミランキングが作られ、その会社の商品が1位で、他社の商品が2位以下という作りになっている場合には、不正競争防止法を根拠として、発信者情報開示請求ができるケースもあります。

## 加害者になった場合の民事責任と刑事責任

ネットでの公開を望まない個人情報や不利益を被《こうむ》る書き込みに悩まされ、苦しめられている人がいるということは、それを書いた人もいるということです。ネットを利用している誰もが、被害者だけでなく加害者になる可能性があるということも認識しておく必要があります。

なにげなく投稿した記事が拡散し、結果的に相手を傷つけることもあれば、自らが投稿した記事に自身が苦しめられることもあります。相手に承諾《しょうだく》を得ずにアップした画像が、プライバシー侵害にあたると訴《うった》えられることもないとは言い切れません。

名誉毀損やプライバシー侵害の加害者は、まず民事責任を負います。

民事責任は、おもに損害賠償責任です。被害者となった人に、慰謝料《いしゃりょう》などを請求される可能性があります。金額についての詳細《しょうさい》は第４章で説明しますが、およそ合計で80～２００万円程度の請求額になります。ただし、この慰謝料水準が低い、という研究結果もありますので、今後、慰謝料がより高額になっていく可能性もあります。

さらに、投稿者は刑事《けいじ》責任が問われることもあります。被害者や不利益を被った会社が警察に相談をした場合、名誉毀損罪、侮辱《ぶじょく》罪、業務妨害《ぼうがい》罪、などとして捜《そう》査《さ》の対象になることも、事情聴取《ちょうしゅ》を受けることもあります。

起訴《きそ》されるまではいかなくても、捜索差押《そうさくさしおさえ》令状を持って警察が自宅に来て、パソコンを押収《おうしゅう》されることもありえます。加害者が会社員の場合、捜査対象になったことが会社に知られれば、何らかの処分対象になることも十分に考えられるでしょう。

この章のまとめとしては、ネットの誹謗中傷事案では、誰もが被害者になり、ときに誰もが加害者になる可能性があり、加害者になった場合には、民事責任や刑事責任を負う可能性があるので、ネットへの情報発信は慎重にすべきということです。

Episode4

# 削除請求・開示請求はどのように行われるのか

記事の削除・発信者特定の具体的方法と費用、期間

第４章

## 明日は我が身、いざというときのために

ここまでの章では、いろいろな相談事例、ネットに関して問題となった事例をモデルケースとして紹介しました。これらは、他人事《ひとごと》では済まされません。いつ、何時、自分がネットの記事に苦しめられる立場になるかはわからないのです。

いまや、私たちひとりひとりが検索《けんさく》の対象であり、ネット上では情報の一部であることを意識しなければいけません。

「名誉《めいよ》・プライバシー侵害《しんがい》などで不利益を被《こうむ》る記事を削除《さくじょ》するには具体的にどうしたらいいのか」

「書き込《こ》みや記事の削除請求《せいきゅう》をする、発信者を特定するにはどのくらいの費用と期間を要するのか」

気になっている人も多いことでしょう。

そこで、この章では、削除請求・発信者情報開示請求の具体的な方法と費用や期

間を紹介《しょうかい》していきます。あくまでも目安となる費用と期間です。

削除請求の方法には、序章のQ5で述べているように、「メールや削除依頼《いらい》フォーム」「送信防止措置《そち》依頼書」（文書）で行う、「削除仮処分」の申立、「削除訴訟《そしょう》」などの裁判手続に訴《うった》える方法があります。以下、各手段ごとに説明していきます。

## メールや削除依頼フォームによる削除請求

裁判手続に訴えなくても、任意で削除してくれるサイトも多数ありますので、まず私は、サイトの管理者を調査して、それが個人ではなく法人であれば、「削除してほしい」という相談があったのですが、いつも、削除依頼はどのような方法で受け付けていますか？」とメールで聞いてみることにしています。そして、「メールで結構です」と返信があり、メールでの対応が可能だとわかれば、具体的な削除箇所《かしょ》とその理由を返信し削除の依頼を行います。

サイトの規模や性質、サイト管理者の方針などにもよりますが、任意で消してくれるところは、「すみませんが、削除してもらえませんか」とメールで依頼し、それに応じてもらえればそこで終了します。

このような、メールでの削除依頼に応じてくれるサイトの場合、実際に削除されるまでに要する期間は1〜2日、かかっても1週間ほどです。

自分でメールすれば費用はかかりませんが、弁護士に依頼する場合、安い料金体系の弁護士で数千円から1万円程度、交渉《こうしょう》事案と同じだと考えている弁護士なら、5〜10万円程度だと思われます。

実際に削除請求してみた経験上、どのサイトがメールでの削除に応じないかはある程度判明していますので、こうしたサイトの場合は、相談者にその旨《むね》を説明し、最初から削除仮処分で依頼を受けて、法的措置に入ります。

サイトの管理者側にしてみれば、「事実に反することが書き込まれているので削除してください」と言われても、削除すべきかどうかの判断はつきにくいものです。

削除依頼があったからと簡単に消していたら、サイト利用者からの信頼をなくしてしまいますので、簡単には消してくれません。

## 送信防止措置依頼書（文書）による削除請求

メールでの削除依頼を受け付けないサイトに対しては、「送信防止措置依頼書」（文書）を送付します。これは、テレコムサービス協会プロバイダ責任制限法ガイドライン等検討協議会が作成した削除請求の書式であり、比較的《ひかくてき》多くのサイト運営者がこの書式による削除請求を求めてきます。

添付《てんぷ》書類として、法人の場合は現在事項《じこう》証明書、個人であれば本人確認書類、そして印鑑《いんかん》証明が必要とされています。法律上は1週間の意見照会期間が決まっていますので、削除までに要する期間は約1カ月です。

この書類を自分で書いて送れば費用はかかりませんが、弁護士に依頼する場合は、5～10万円の費用がかかります。

## 削除仮処分の申立（法的措置）による削除請求

メールや文書で削除依頼を行っても応じてもらえない場合は、法的措置に移ります。まずは、迅速性《じんそくせい》と手続の容易さを考えて「削除仮処分」という手続を選択します。

第1章でも書きましたが、削除請求は差止請求ですので、不法行為《こうい》地の特別裁判籍《せき》が適用され、被害者《ひがいしゃ》（申立人、原告）の住所地を管轄《かんかつ》する裁判所で申立をすることができます。たとえば、被害者が広島在住の場合は広島地裁ということになります。ただし、必ずしも住所地に限定されるものではなく、仕事に関する投稿《とうこう》なら職場の住所、血縁《けつえん》関係に関する投稿なら実家の住所というように、ネットの書き込みにより、被害がどこで生じているかという基準で裁判所を選ぶこともできます。

まずは、仮処分の相手方（サイト管理者、債務者）が日本法人の場合を説明します。

削除仮処分を裁判所に申立てると、約1～2週間後に、「サイト管理者を呼んで削除に関する反論を聞きましょう」という裁判期日が設定されます。第1章でも書きましたが、この裁判期日のことを「双方審尋期日《そうほうしんじん》」といいます。

ここで特にサイト管理者からの反論がなければ、裁判官から「担保」の金額を告知されます。削除仮処分の場合は30万円であることが一般的《いっぱんてき》です。このお金を法務局で供託《きょうたく》すると、削除決定がサイト管理者に送られます。サイト管理者は、決定を受け取ったあと、削除手続に入ります。トータルでは、最短2週間ほどで削除されることになります。

ただし「Yahoo!《ヤフー》知恵袋《ちえぶくろ》」を運営するヤフージャパンなどは、「みんなで知恵を共有するQ&Aという性質上、消す必要はない」と主張し、削除することを争ってきます。こういった、争ってくるサイト管理者が相手の場合は、双方審尋期日が1回では終わりませんので、削除までにさらに1～3カ月を要するケースもあります。

なお、法務局に供託した供託金（担保）は、多くの場合、およそ3カ月ほどで戻ってきます。

この手続を自分でするのはなかなか大変なので（自分ひとりで裁判手続をしている人もいます）、弁護士に頼むことになると思いますが、「削除仮処分」の弁護士費用は、その弁護士の料金体系によって着手金が20～50万円かかります。そして、実際にサイトから削除された場合には、成功報酬《ほうしゅう》として数十万円を求められる場合もあります。削除仮処分については成功報酬ゼロの弁護士も多いので、問い合わせてみるとよいでしょう。

削除するサイトがひとつの場合はそれで済みますが、いくつものサイトに書かれた場合や、コピーされ拡散された場合は、サイトごとに削除仮処分を申立しなければならなくなり、その分、費用もかかります。

たとえば、削除したい記事がアメーバブログだけに書かれていた場合は、削除仮処分の申立はアメーバブログの管理者だけで済みます。しかし、ライブドアブログ、FC2ブログなどにも書かれていた場合、また、ほかのウェブサイトの掲示板などにも書かれていた場合、それぞれのサイト管理者に削除仮処分の申立をしなければならなくなります。

弁護士によっては、サイトごとの料金設定ではなく、一括《いっかつ》していくら、と設定している人もいるようですので、相談時に確認してください。

## 訴える相手が海外法人の場合

次にサイト管理者が海外法人の場合についてです。

グーグル、ツイッターはカリフォルニア州の法人。フェイスブックはアイルランドの法人、FC2はネバダ州の法人相手に削除仮処分を申立てる必要があります。

海外法人を相手に削除仮処分を申立てると、まず、海外法人の呼出手続がありま す。この手続は日本法人を相手にする場合と同じですが、双方審尋期日までの期間

## 削除請求の流れ

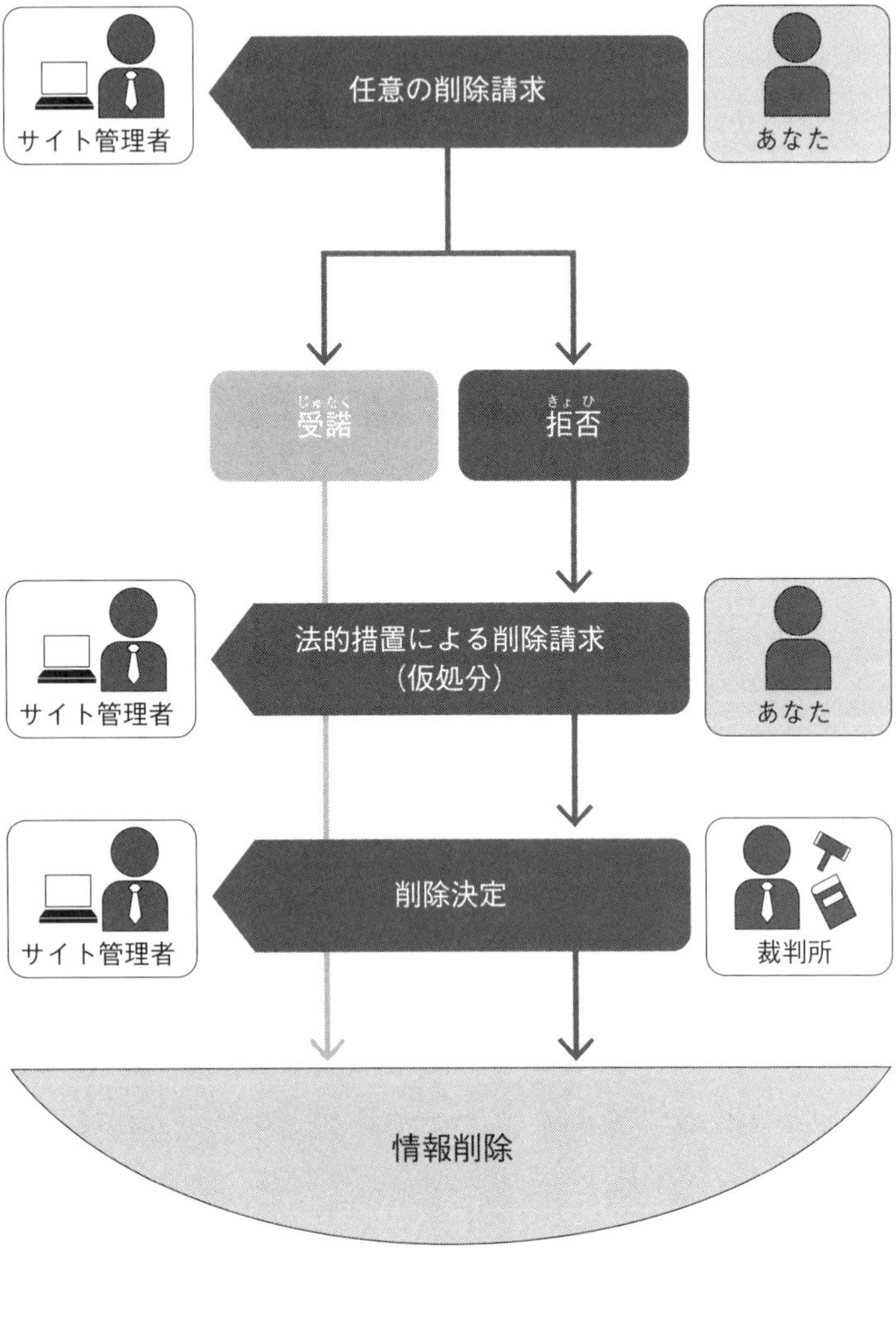
サイト管理者
任意の削除請求
あなた
受諾《じゅだく》
拒否《きょひ》
サイト管理者
法的措置による削除請求
（仮処分）
あなた
サイト管理者
削除決定
裁判所
情報削除

が長くなります。日本法人の場合は1～2週間程度で双方審尋期日が設定されますが、ツイッターやフェイスブックの場合、EMS（国際スピード郵便）が先方へ届くのに1週間程度かかるため、双方審尋期日は3～4週間後に設定されます。そのあとの手続は、日本法人を相手にするのとあまり変わりません。

そのため、海外法人が削除について争ってこなければ、5～6週間程度で削除されることになります。

ちなみに、第1章で紹介した米国グーグル本社に対する削除仮処分の申立では、申立をしたのが6月19日。その後、何度かの双方審尋期日を経て、仮処分の決定が出たのは10月9日。裁判所の決定に従って、グーグルが違法《いほう》な検索結果を消すまでに2～3週間ほどかかっていますので、合計すると4カ月強を要しています。

フィリピン法人が管理しているとされる5ちゃんねる（旧2ch.net）の場合には、さらに時間がかかります。フィリピンは「送達条約」という条約に加盟していないため、EMSで法人を呼び出すことができません。そのため、最高裁経由で呼び出すことになり、呼び出しだけで7カ月かかり、双方審尋期日は8カ月以上先に設定されます。

費用については、債務者（申立の相手）が海外法人の場合は、国内法人が相手の場合の費用に加え、海外から登記を取るための費用に約1～5万円程度、中立書の英訳に約1～5万円、EMSによる呼び出しに約1500円が必要になります。登記の取得は、外国登記の取得に慣れている司法書士さんやコンサルタント等に依頼し、英訳は翻訳《ほんやく》業者に依頼することが多いと思いますので、その費用です。すべて自分でやっている弁護士であれば、こういった費用は着手金に含《ふく》まれていることもあると思います。

さらに、被害者（申立人、原告）の住所地を管轄する裁判所で申立しなければならないため、依頼した弁護士が被害者の住居地の裁判所に出向く交通費の実費や、弁護士の出廷《しゅってい》日当（1回あたり3～10万円程度）も加算されていきます。ですので、削除仮処分を申立てるのであれば、地元の弁護士に依頼するほうが費用は安く済むのが一般的です。

## 削除訴訟までする必要はあるのか

削除仮処分は「仮」の処分ですから、法律上は、仮処分の決定で削除してもらっても最終的な解決にはなりません。削除訴訟を提起して勝訴しなければ、サイト管理者は「仮」に削除したものを復活してもよいということになっています。

しかし実際には、仮処分決定で削除したものをサイト管理者が復活させることは、ほとんどありません。サイト管理者側の弁護士によると、その理由は、「裁判所が違法だと判断したものを復活させると、サイト管理者が誹謗中傷したことになってしまうから」とのことでした。

そのためか、削除仮処分のあとに削除訴訟をする例もほとんどなく、削除仮処分だけで目的が達成されています。サイトの管理者側としても、「裁判所の決定に従って削除した」と言えるので、サイト利用者からの「勝手に消した」というクレームを回避することができ、面目も立ちます。

これに対し、削除訴訟をすると、削除の判決が出るまでに少なくとも半年から1年はかかります。海外法人相手の訴訟であれば、プラス8カ月ほどかかります。記事や書き込みによって苦しめられ、不利益を被っている人や会社にしてみれば、長期間におよぶ裁判中にさらに苦しみが増し、業績が悪化するなど、取り返しのつかないことにもなりかねません。削除仮処分だけで解決できるのであれば、これほど良いことはありません。

## キャッシュ（昔の記事のコピー）の削除請求

ここで、注意しなければならないのは、サイトの書き込みを削除することができても、しばらくはグーグルなどの検索結果に出てしまうことです。

なぜ、消したはずの記事が検索結果に出るのでしょうか。それは、グーグルが昔の記事のコピー（「キャッシュ」）を持っていて、キャッシュの中で検索しているためです。消したはずの記事が検索結果に表示される状態は、グーグルのキャッシュが更新《こうしん》されるまで続きます。その期間は3カ月と書いているサイトもありますが、半年以上消えなかったケースもあります。

もし、記事を削除してもらったあと、グーグルのキャッシュもすぐに削除したいときは、グーグルにキャッシュの削除依頼を出すとよいでしょう。グーグルのサイトには、ウェブマスターツールというページがあり、ここでキャッシュの削除を依頼することで、すぐにキャッシュの更新をしてもらうことができます。ただし、さまざまな理由でキャッシュの削除が「拒否《きょひ》」されることもあります。

## 書き込みをした発信者を特定する手続

では、次に「インターネットで誹謗中傷を受けているため、書いている人を特定したい」「書いた人に慰謝料請求したい」という場合の手続についてまとめます。

投稿者を特定する方法は、実名登録サイトか匿名サイトかによって異なります。実名登録サイトの場合、サイト管理者が投稿者の住所氏名を知っていますから、サイト管理者に対して投稿者の「住所・氏名」の「発信者情報開示請求」をすることになります。書面等で任意開示を請求する方法と、開示請求訴訟で法的に請求する方法とがありますが、「住所・氏名」は重要な情報のため、任意の請求で開示されることはほとんどありません。そのため、ほぼ、訴訟手続が必要です。

次に匿名サイトの場合、サイト管理者は投稿者の住所氏名を知りません。知っているのは、投稿に使用されたＩＰアドレス（どのプロバイダから接続されたかを示す数値）と、投稿日時、そのほか若干の情報くらいです。

そこで、まずはこの情報をサイト管理者に開示請求します。書面等で任意開示を請求する方法と、発信者情報開示仮処分で法的に請求する方法とがあります。「ＩＰアドレス」だけ見ても個人の住所氏名は特定できませんので、任意に開示してくれるケースも珍《めずら》しくありません。

サイト管理者からIPアドレスと投稿日時（タイムスタンプ）の開示を受けたあとは、そのIPアドレスが、どの接続プロバイダのものかを調べます。最近はスマートフォンで書いている人が多いため、開示されるIPアドレスは、NTTドコモ、KDDI、ソフトバンクといった接続プロバイダのものが多い印象です。IPアドレスから接続プロバイダを調べる調査はネットで簡単にできます。

接続プロバイダがわかったら、「この日時に、このIPアドレスを使用していた人」の「住所・氏名」の発信者情報開示請求をします。書面等で任意開示を請求する方法と、開示請求訴訟で法的に請求する方法とがありますが、やはり「住所・氏名」は重要な情報のため、投稿者本人が開示に同意した場合をのぞき、任意の請求で開示されることは、まずありません。そのため、間違《まちが》いなく訴訟手続が必要です。

ただし、接続プロバイダがIPアドレスから投稿者の住所氏名を特定できるのは、投稿日時から3～6カ月程度です。この期間を過ぎると、通信記録が消去されてしまうためです。

発信者情報開示請求の流れ（匿名サイト）

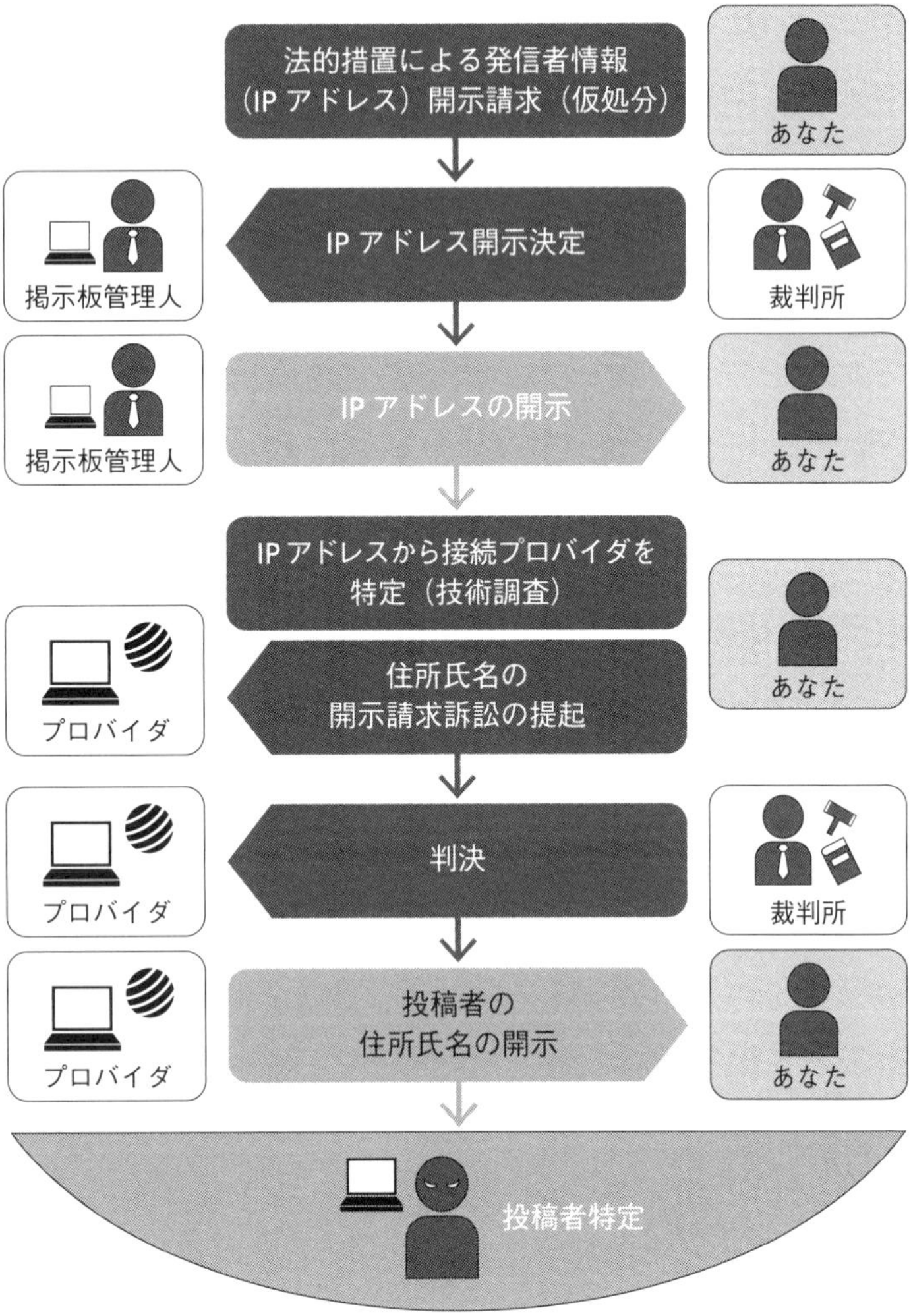

そこで、「住所・氏名」の開示請求訴訟をしている間に通信記録（ログ）が消えてしまわないように、「ログを保存しておいてほしい」という請求をしておく必要があります。書面等により任意の保存を請求する方法と、発信者情報消去禁止仮処分（ログ保存仮処分）という法的措置で請求する方法とがあります。この手続は「ログを消さないで」というだけの請求ですので、任意の保存に応じるプロバイダがほとんどです。

## 発信者を特定するための費用と期間

手続にかかる期間は、ＩＰアドレスの開示請求は、任意の請求なら1日から1カ月ほど、発信者情報開示仮処分という法的措置なら2週間ほどです。他方、書いた人の「住所・氏名」の開示請求訴訟には判決まで3〜6カ月ほどかかり、判決が出てから投稿者の住所氏名が開示されるまでに約1カ月かかります。そのため、トータルでは、投稿者の住所氏名が開示されるまでに、実名登録サイトの場合で4〜7

カ月、匿名サイトの場合で5〜8カ月ほどかかります。

すべて自分ですれば費用はかかりませんが、最終的には訴訟もする必要があり、また、ログ保存期間が短いため訴訟開始まではスピード勝負ですから、この手続に慣れた弁護士に依頼するほうが確実ではないかと思います。

弁護士に依頼する場合は、サイト管理者に対するIPアドレスの開示請求がおよそ5〜30万円ほど（任意請求をするか法的措置にするかによっても違います）、ログ保存の請求は5〜20万円ほど、最後の、「住所・氏名」の開示請求訴訟に20〜30万円ほどの着手金がかかります。トータルでは、30〜80万円ほどかかります。このような手続ごとの料金体系ではなく、方法をすべて弁護士に任せて、一括して100万円といった料金体系の弁護士もいるようです。

ここまでの費用をかけてまで投稿者を特定する必要はないかもしれない、と思うのも無理はない金額です。

なお、削除仮処分とIPアドレスの開示仮処分は同時にできるケースもあるため、仮処分2回分の料金ではなく、1回分の料金と設定している弁護士もいますので、相談時に確認してください。

なお、「住所・氏名」の開示請求訴訟をすると、書き込みをした投稿者に対しては、プロバイダから「『発信者情報開示請求』があったので開示してもよいですか」という通知（「意見照会」）が送られます。通常は「開示拒否」という回答が戻るそうです。ただし、開示拒否と本人が言っても、裁判所が「開示せよ」という判決を出した場合、プロバイダは控訴《こうそ》等をしない限り、住所氏名を開示します。

ネット上では、「開示拒否」と言えば開示されない、という誤情報も出回っていますが、そうではない、ということを知っておいてください。

この意見照会がプロバイダから届くと、投稿者は驚《おどろ》いて、「悪口を書かないように注意しよう」という気持ちが生じるようです。多くの場合は、意見照会が誹謗中傷の抑止力になっているようです。

投稿者の住所氏名が開示されたあとは、示談交渉や、もう書かないように求める調停、慰謝料請求といった手続をします。慰謝料とは別に、投稿者の特定にかかった費用を請求できるという東京高裁判例があることは、既述《きじゅつ》のとおりです。

接続プロバイダから開示されたのが個人の住所氏名ではなく、法人（一般企業《きぎょう》）だった場合、その法人に対し、従業員の誰が書いたのかを開示請求する必要があります。

## 民間削除業者へ依頼しても問題ないのか

昨今、「忘れられる権利ビジネス」とも称されている、風評被害対策業者の広告を、ネット上で見かけるようになりました。

たとえば、「2ちゃんねる」「削除」といったキーワードで検索すると、民間削除業者の集客サイトが多数表示されます。「弁護士に依頼するより安い」とのうたい文句で集客しているサイトもありました。

ただし、序章でも述べたとおり、民間業者が削除請求を代行することには、法律上の問題があります。この問題を回避するためでしょうか、形式上は弁護士が受任しても、そのあとは弁護士が業者に任せて削除対応させるスキームや、逆に、民間業者の顧問《こもん》弁護士が顧問先の業務として削除業務を行い、お客は対価を事業者に支払う、といったスキームも利用されているという話を聞きます。しかし、いずれも法律上の問題があることに変わりはないので、利用する場合は注意が必要です。

安く確実に削除できるのなら、業者側にどんな問題があっても気にならない、という人がいても不思議ではありませんが、民間業者を利用する場合は、隠《かく》れた費用の問題も知っておく必要があります。それが逆ＳＥＯ費用、月額コンサル料といった費用です。

業者の中には、消せない記事については、検索結果の順位を下げて目立たなくする、という業務を受けているところもあります。これが逆ＳＥＯです。ＳＥＯ （search engine optimization）「検索エンジン最適化」で検索結果の順位を上げるテクニックを逆に使い、検索順位を下げます。

ただし、検索順位を下位に保つためには長期間にわたり、逆ＳＥＯ料金を払い続ける必要があり、それだけ費用がかさみます。

同じように、何かあったらすぐに対応方法を調べて報告するコンサルティング、といった事業をしているところもあります。こちらも、月々のコンサル料金がかかりますが、本当に必要なコンサル業務なのかを、契約する前に慎重《しんちょう》に検討する必要があるでしょう。

もっとも、ネットを定期的にパトロールして、依頼者にとってリスクとなる書き込みがあったら、すぐに通知する、といったネット監視《かんし》業務がコンサル業務に含まれているケースもあり、一概《いちがい》に不要なものと決めつけることもできません。

この章のまとめとして、問題のある検索結果が表示される場合、サイト管理者に元の記事を削除してもらうのか、グーグルに検索結果だけを削除してもらうのか、はたまた逆ＳＥＯで目立たない順位まで下げるのか、削除等を依頼する側にも知識が必要とされていることを、最後に記しておきたいと思います。

ネットでの人権侵害から身を守るには

# 検索される恐怖から一生逃れられないのか

第5章

Episode5

これまでに書いてきたとおり、最近はスマートフォンの登場により、いつでも誰《だれ》でも、ネットでの誹謗《ひぼう》中傷、プライバシー侵害《しんがい》等の被害者《ひがいしゃ》になる可能性があり、また、加害者になる可能性もあります。

そこで、「検索《けんさく》される恐怖《きょうふ》から一生逃《のが》れられないのか」「ネットの人権侵害から身を守るには」という視点で、被害者にならないための注意点、加害者にならないための注意点をピックアップし、最後に、万が一、被害者になってしまった場合のために、「忘れられる権利」をどのように使えばよいのか、という視点でまとめてみたいと思います。

## スマートフォンの普及で記者が多数の時代に

通勤通学の途中《とちゅう》で、スマートフォンを自宅に忘れたことに気づいたら、あなたは取りに戻るでしょうか。

ほとんどの大学生は、遅刻しても取りに戻ると答えるそうです。もはや、コミュニケーションツールとしても検索ツールとしても、スマートフォンは生活必需品《ひつじゅひん》となっています。移動経路も目的の場所の地図もスマートフォンがなければ検索することができません。

2014年4月11日、博報堂《はくほうどう》DYホールディングスのグループ横断型組織「博報堂DYグループ・スマートデバイス・ビジネスセンター」が発表した「全国スマートフォンユーザー1000人定期調査」（2014年2月実施）第9回分析結果報告によると、スマートフォン保有率は58・1%。2013年11月の前回調査より、2・9ポイントアップしています。

(http://www.hakuhodo.co.jp/archives/newsrelease/16784)

特に注目したいのが10代20代の若い世代。15～19歳は88・6%、20～29歳は84・9%がスマートフォンを保有しています。15～29歳の約9割がスマートフォンを持っていることになります。

いうまでもなく、スマートフォンにはカメラ機能が備わっています。つまり、カメラを持った若い記者がそこかしこに歩いている状況《じょうきょう》なのです。

また、スマートフォンの普及《ふきゅう》によって、いままでは情報を得るためだけにインターネットを利用していた人たちが、いまでは情報を発信する側になり、いままでは記事を読む側だった人たちが、いまでは記事を書く側になりました。これでは、公私の区別なく、さまざまな情報や意見、考えや感想がネット上に溢《あふ》れるのも仕方ありません。

ただし、気になるのは、軽い気持ちで撮《と》った写真を友だちに見せるような感覚でSNSに投稿《とうこう》している人が多いことです。さらには、SNSは不特定多数の人が見ているメディアであり、操作ひとつで世界に発信できてしまうことを意識しないまま利用している人が実に多いことです。

もちろん、スマートフォンを否定するつもりはありません。便利なツールやインターネットへの依存度《いぞん》が高まるのは仕方ないことだとも思います。ただ、ツールを使う人間がツールに痛めつけられては本末転倒です。

誰でも簡単に、自由に、すばやく情報を発信できるようになりましたが、発信する情報の真偽《しんぎ》のほどや内容の正確さなどの判断については、すべて個人の評価に委ねられています。

「表現の自由」には義務・責任が伴《ともな》います。自由は無法や無秩序《むちつじょ》を意味しません。

では、SNSなどを利用して気軽に情報発信しているひとりひとりは、自由に表現する権利が守られている代わりに、背負うべき義務・責任を意識しているでしょうか。残念ながら、「表現の自由」には義務・責任が伴うということを意識しない人によって、新しい人権侵害が起こっているのだと思います。

最高裁は、個人が投稿した情報だからといって、一概《いちがい》に信用性が低いものと受け止められるとは限らない、と判断し、また、名誉毀損《めいよきそん》罪の成立要件については、マスコミ報道も、一般人《いっぱんじん》のネットの情報も同じだと言っています。

つまり、ネットの利用者もマスコミも、情報発信に対する責任の重さは同じなのです。

昭和のころの判決が「表現の自由」をきわめて重いものとして記事の違法性《いほうせい》を判断しているのは、情報発信者がマスコミにほぼ限定されているという前提があったからだと考えられます。これに対し現在、昭和のころより比較的《ひかくてき》ゆるやかにネット情報の削除請求《さくじょせいきゅう》が認められているのは、表現の自由に伴う責任を残念ながら意識していない人たちによって、気ままに情報発信できるようになっているからではないでしょうか。

## ネットの特性を理解しないために起こる事態とは

情報発信にはそれ相応の責任が伴い、ネット社会にもリアル社会と同様のルールがあります。

にもかかわらず、匿名《とくめい》を常とするネットは、まるで治外法権であるかのように、無法地帯の様相を呈《てい》する事態が起こりうることも事実です。

リアル社会では慎重《しんちょう》な人が、ネットでは大胆《だいたん》になることも、リアルな社会では冷静な人が、ネットでは感情的になることもありうるでしょう。それもこれも、瞬時《しゅんじ》に情報発信できるスマートフォンの普及が、少し立ち止まって考える時間を私たちから奪《うば》ってしまったからかもしれません。

ひとたび投稿してしまったら後悔《こうかい》先に立たず。まして、拡散してしまったら万事休すです。一瞬の操作で行ったことが半永久的にネット上に存在し続けます。そして、「バカッター」の項《こう》でも述べたように、ときを経てもなお、過去の書き込《こ》みが何度も何度も掘《ほ》り起こされ、批判の対象になり、ついには、就職や結婚の障壁《しょうへき》になるなどの社会的制裁を受けることにもなりかねません。

さらには、迂闊《うかつ》な投稿がネット住民の反感を買うことにでもなれば、プライバシーまでもがネットに晒《さら》されてしまいます。

ネットの特性を十分理解せずに便利さを享受《きょうじゅ》していると、自分を苦しめる記事や情報がいつまでも検索結果に出てしまい、まさに、忘れてくれないネットの恐怖から一生逃れられない事態に陥《おちい》ってしまうこともありうるのです。

いまの時代、多くの人は何らかの形でインターネットを利用しています。日常的にインターネットを利用している私たちは、自分が書き込んだ内容や投稿した記事が誰かの人権を侵害していないか、誰かによって自分の人権が侵害されていないかを常に意識しなければいけません。そうでないと、被害者にも加害者にもなる可能性があります。

## ネットの被害者にならないために
### ①あなたの個人情報は漏れていませんか

フェイスブックのタイムラインを眺《なが》めていると、たとえば、「鈴木さんは、佐藤さんと一緒に、日比谷公園にいました」というように、訪れた場所が特定されていることがあります。

投稿した人は、公私にわたるすべての行動が不特定多数の人に漏《も》れていることに気づいていないのか。それとも、スマートフォンに搭載《とうさい》されたGPS（緯度《いど》・経度の特定）機能やフェイスブックなどのプライバシー情報の設定に無頓着《むとんちゃく》なのか……。

いずれにせよ、自分で自分のプライバシーを公《おおやけ》にしているのですから、後々何か問題が起こったとき、削除請求できない可能性が高いことはすでに述べたとおりです。


ほとんどのスマートフォンには、ＧＰＳ機能が搭載されています。また、デジタルカメラの多くにもＧＰＳ機能が搭載されています。

スマートフォンやデジタルカメラを使うとき、取り扱《あつか》い説明書をよく読まずに、ＧＰＳ機能がオンの状態で撮影《さつえい》すると、ＧＰＳデータが写真のExif（Exchangeable image file format／エグジフ）情報として記録されます。

このエグジフ情報が記録された写真をアップロードすると、自宅で撮影した場合は自宅の場所が第三者に知られてしまい、エグジフ情報を削除していないＳＮＳに画像を投稿した場合は、あなたがいる場所や訪問した場所が不特定多数の人に特定されてしまいます。まさに、個人情報や行動が漏れてしまいます。

あるところに、見知らぬ人から待ち伏《ぶ》せされるようになって困っているという女子大生がいました。いつ、どこで出会ったのか、まったく身に覚えがないのです。女子大生がブログを書いているというので、彼女が投稿したものを見てみると、日々の行動が逐一《ちくいち》写真付きでアップされていました。しかも、GPS機能がONの状態で。

この女子大生には自分で自分の個人情報や行動をばらまいているという意識も自覚もありませんでした。スマートフォンの機能やネットの特性を十分理解するより先に、ツールの使い方に長《た》けてしまう世代の人たちの中には、自分自身で危《あや》うい状況を作り出していることに気づいていない人が少なからずいるのです。

言うまでもないことですが、エグジフ情報もスマートフォンも十分に理解して使用すればとても便利なものです。

ただし、使い方を誤ると諸刃《もろは》の剣《つるぎ》となります。手元にある各撮影機器にGPS情報を付加しないように設定したり、アプリでエグジフ情報を削除するなど、自分の身は自分で守ることが重要です。

## ネットの被害者にならないために②アカウントの紐付けを制限する

あるデータに別の情報を関連付けることや特定の機器に情報を関連付けることを紐付《ひもづ》けと言います。

たとえば、会員登録が必要なサービスに私たちが加入すると、会員番号やユーザーIDが発行されます。そして、サービス提供者はその会員番号やユーザーIDと私たちが登録した個人情報を関連付けて保存します。ユーザーIDと、氏名・住所・電話番号・クレジットカード番号との関連付けが、典型的な情報の紐付けです。

さらには、あるデータベースから別のデータベースを参照して、より多くの情報を引き出すという意味でも紐付けという言葉が使われています。たとえば、あるサイトのサービスで作ったアカウントを別のサイトのアカウントと紐付けし、同じユーザーの情報として統合するという、アカウントの紐付けが代表的です。

ひとつのアカウントでいくつかのサービスを複合的に利用できれば、確かに利便性が上がるかもしれません。しかし、セキュリティ面から見ると危険性が高まります。別のサイトだからと思って、あまり意識せずに入力した情報が、のちのち、アカウントの紐付けにより情報が関連付けられてしまう、というリスクがあります。

そのため、リスク管理のためには、サイトごとにアカウントを作っておいたほうが安全です。

## ネットの被害者にならないために ③情報の公開範囲を把握する

フェイスブックでは、自分の投稿の公開範囲《はんい》を自分で設定することができます。標準設定では、「公開範囲」は地球マークの「公開」になっています。まさに、「誰でも閲覧《えつらん》できる」状態です。「タグ付け」の提案もされる状態になっていますので、安全性を高めるには、設定を変える必要があります。

ただ、この「公開範囲」を意識している人は意外に少なく、デフォルトの「公開」設定のままになっていると、羽目を外した行動までもがまったく知らない人たちに公開されてしまうことになりかねません。

「自分の友達のみに公開」を選択すれば、自分が承認したフェイスブックの「友達」だけが閲覧可能になり、「友達の友達」を選択すれば、自分は直接知らないけれど、「友達」を介《かい》して間接的につながっている人たちも投稿を閲覧できるようになります。

フェイスブックを利用する目的は人それぞれです。仕事の宣伝媒体《ばいたい》とするなら「公開」にし、できるだけ多くの人に見てもらうようにする。プライベートなことを共有するなら「自分の友達のみに公開」を選択し、閲覧できる範囲を制限するなど、利用目的に合わせて公開範囲を変えなければいけません。

「公開範囲」を「自分の友達のみに公開」にしていれば、友達が「公開」設定で

「シェア」したとしても投稿自体が第三者に表示されることはなく、自分で設定した「公開範囲」だけに表示されます。

いずれにせよ、私は、公開範囲は厳しく設定したほうがよいと考えています。なぜなら、誰がどこで自分を見ているかわからないからです。

まずは、あなたのフェイスブックの公開範囲の設定が「公開」になっているかどうかを確認してください。「公開」になっているとしたら、もう1~2段階、限定するか、このまま公開にしておくか、考える必要があると思います。

見ず知らずの人に自分の言動を把握《はあく》されることのリスクは、既述《きじゅつ》のとおりです。PCやスマートフォンの前で笑われるだけならまだしも、怒《いか》りや妬《ねた》み、憎《にく》しみ等の対象になって攻撃対象となることもあります。

何かがあったとき、サービスの仕組みや設定方法を知らなかったでは済まされません。自分で蒔《ま》いた種に苦しめられないためにも、ネット上での情報発信には注意が必要です。

## ネットの被害者にならないために
## ④ファイル共有ソフトにも注意が必要

ファイル共有ソフトにより情報漏《ろう》えい事故が多発していることは周知のとおりです。これまでにも銀行の預金者情報、病院から患者の手術情報、企業《きぎょう》の顧客《こきゃく》情報、自衛隊の機密情報などの漏えい事故が報告されています。

なぜ、こうした事故が多発してしまうのか。

その前に、ファイル共有ソフトについて、簡単に説明しておきます。

ウィニー、シェア、最近ではビットトレント、といったファイル共有ソフトを使うと、インターネットで不特定のユーザーといろいろなファイルを共有することができます。利用者は10万人とも言われていますが、コンテンツの多くが著作権者に無断で共有されているとも報道されています。最近では、グーグルドライブのような共有型クラウドストレージサービスも増えてきました。

ファイル共有ソフトは、ダウンロード直後にデータがアップロードフォルダにコピーされる仕組みになっている場合や、ダウンロードフォルダ＝アップロードフォルダになっている場合があり、ダウンロードをする行為《こうい》がアップロードもしているというケースも多く見られます。

あなたのパソコンにファイル共有ソフトをインストールすれば、ネットワーク上のほかの人とファイルを共有できるようになりますが、もし、気づかないうちにファイル共有ソフトを悪用するウイルスに感染したら、あなたのパソコンに保存されている重要な情報や機密情報が他者に共有され、情報漏えいという危険な状況に陥ってしまいます。私生活を記録したファイルが他人と共有されたら、プライバシーが不特定の人に漏れてしまいます。

ファイル共有ソフトで漏えいしたプライバシー情報の削除については、今後、「忘れられる権利」が適用されるケースもあるかもしれません。

## ネットの加害者にならないために
## 飲んだら書くな、勢いで投稿するな

次は、ネットの加害者にならないための注意点です。

本書では、自分の手で悪ふざけ投稿をする「バカッター」という現象や、顧客に関する不用意な投稿で自らを窮地《きゅうち》に追い込む結果となった社員やアルバイト従業員の話を紹介《しょうかい》しました。

そして、公開範囲を「公開」にしたまま自らの行動をフェイスブックに投稿し続けている人たちの問題も紹介しました。こうした人たちは、その画像や記事、情報がネット上に半永久的に残ってしまうことに、無自覚、無頓着なのかもしれません。

投稿者の立場で考えたとき、自分自身の言動が後々にまで影響をおよぼす現実、他人のプライバシーや人権に対する配慮《はいりょ》、という点にはもっと注意が必要です。

「飲んだら乗るな。乗るなら飲むな」という飲酒運転を戒《いまし》める標語があります。SNSやブログなどに記事を投稿するときも、「飲んだら書くな。勢いで撮影した画像をアップするな。感情のままに書き込むな」などの自制が必要です。

夜中に勢いで書いたラブレターを翌朝読み返して恥《は》ずかしくなる、という事象を表す「真夜中のラブレター」という言葉があります。ラブレターなら投函《とうかん》せずに破り捨てることができます。また、酔《よ》った勢いで羽目を外しても、酒の席のことだと大めに見てもらうこともできます。

しかし、ネットにアップしてしまった書き込みや画像はどうでしょう。翌朝気づいたとしても、ときすでに遅し。すでに、不特定多数の人の目に触《ふ》れてしまっています。拡散してしまっている可能性もあります。回収は困難です。ネット時代のいま、これまでのどの時代より自己コントロール力が必要とされているのではないでしょうか。

自戒《じかい》を込めて、「飲んだら書くな、勢いで投稿するな」。取り返しがつかないことを仕出かさないためにも、肝《きも》に銘《めい》じたいと思います。

私はＮＨＫの番組で「いま、冷静ですか」というフレーズを紹介したことがあります。ネットの加害者となってしまう人たちは、冷静ではないのかもしれません。

ふだん冷静な人でも、ひとたび冷静さを失えば、それが加害者となる入り口です。「いま、冷静ですか」。何かの情報を投稿する際、このフレーズを思い出してみてください。

## 「忘れられる権利」再考

それでも、残念ながら被害者となってしまった場合に、思い出してほしいのが、本書で取り上げてきた「忘れられる権利」です。

狭《せま》い意味では、EUのGDPRで定義されている権利を指しますが、広い意味では、ネットの情報の削除請求権一般を指し、検索サイトに対する検索結果の削除請求権も含《ふく》みます。

本書では、ネットで起こっている誹謗中傷の問題、「忘れられる権利」が注目されている理由と背景、EU司法裁判所の判決から、これにヒントを得て申立てた東京地裁の削除仮処分決定に至るまでのプロセス、その後の検索サイトの対応、そして最高裁の出した結論などを紹介してきました。

たとえばグーグルでは、ＥＵ司法裁判所の判断を受け、任意削除請求フォームを公開し、削除請求を広く受け付ける仕組みを作りました。

しかし、削除請求に対し、削除するかどうかを決めているのはグーグルです。そしてグーグルは、検索結果を削除すると決めた際、サイト管理者に「検索結果からの削除のお知らせ」を送っているそうです。しかし、グーグルから一方的に「検索結果からの削除のお知らせ」を受け取っても、サイト管理者は簡単には納得《なっとく》することはできないだろうと推測できます。

実際に、検索結果からリンクを削除されたＥＵの報道機関は、「グーグルは司法の判断をあまりに早急に実行に移しすぎる」「削除する前に報道機関と協議すべき」とグーグルに抗議《こうぎ》を出しています。「どの個人情報を削除するのか、どんな情報を削除しないのかの判断は困難なはず」などの指摘《してき》もされています。

しかしながら、グーグルがひとつひとつの任意削除請求を詳細《しょうさい》に検討し、削除するかしないかを判断していたら、費用や労力などさまざまな意味で膨大《ぼうだい》なコストがかかってしまいます。そのため、コストを重視すると、ある程度パターンに沿った判断になるのもやむを得ないのではないかとも思います。ここに、表現の自由との葛藤《かっとう》があります。

「たとえ事実だとしても、掲載されたときの目的や時間の経過を考慮し、もはや必要性がない情報」だと判断すれば削除が求められるとする司法と、「知る権利や公益性、報道の自由を脅《おびや》かすもの」だと反発する報道機関。「忘れられる権利」と「表現の自由」の、どちらの利益を重視すべきかという問題が生じています。

特に犯罪報道については、日本の最高裁は前科前歴がその人の「プライバシー」だと判断していますが、一方で、「犯罪者に関する情報は削除すべきでない」という意見もよく聞きます。犯罪報道の中でも、特に、「性犯罪者の情報はネットから削除すべきでない」という意見を持っている人が多い印象です。

また、政治家に関する情報も含めて公共性の高い情報は、忘れられる権利を重視すべきではないという意見があります。公共性の高い情報は、誰でも自由に情報発信し、誰でも自由に閲覧できる状態を守るべき、との意見です。

今後、「忘れられる権利」の必要性を主張する世論が高まり、ネット情報の削除に関する裁判所の判決や決定が増えれば、最高裁２０１７年１月31日決定の適用・運用について、徐々に基準が明確化されていくことでしょう。

そうなれば、グーグルなどの検索サイトとしても、任意削除請求にどのような基準で応じていけばよいかが、いまにもまして明確に判断できるようになるはずです。

ヤフージャパンでは、２０１４年11月に「検索結果とプライバシーに関する有識者会議」を設置し、検討してきた結果を、２０１５年３月30日に発表しています。

報告書では、検索サービスは、膨大な情報の中から情報の発信者と受信者を効率的、的確に結び付ける情報媒介を行うことによって、多くの人々の「表現の自由」や「知る権利」の実現に大きく貢献《こうけん》しているとし、検索サービスの社会的意義・役割を認識したうえで、プライバシーの保護とのバランスが図《はか》られるよう、個別の事案に応じて慎重に対応を進めていくとしています。ただ、時期的には最高裁2017年1月31日決定を踏《ふ》まえたものではないため、削除する範囲などについて、スタンスの違《ちが》いがあるようです。

## 「忘れられる権利」のこれから

「忘れられる権利」を強調しすぎると、インターネット業界のイノベーションが制限される恐《おそ》れがあると危惧《きぐ》する声も聞かれます。膨大な数の削除要請が生じた場合、削除義務を負うことになる中小企業がそのコストを負担できない可能性も出てきます。そして、それが新たなインターネットベンチャーの創出に影響《えいきょう》を与えかねないとする意見です。

守られるべき個人、法人の権利とネット業界のイノベーション。そして、言うまでもなく表現の自由。どちらの利益も脅かされないために、さまざまな視点、立場での議論、模索《もさく》が続いていくものと思います。そして、私たちひとりひとりも、法規制や企業の判断に委ねるのではなく、「忘れられる権利」を通して、〝検索〟に依存している生活がもたらす正負の両面と対峙《たいじ》する必要があるでしょう。

さまざまな情報が検索結果に出てしまう状況に、日々恐怖を感じ、苦しんでいる人が多数存在します。そして、明日は我が身となる可能性もあります。

「忘れられる権利」は、これからのネット時代には欠かせない重要な権利になるとともに、私たちに、忘れられない時代に生きる自覚を与えてくれるきっかけを作った、と言えるかもしれません。

# おわりに

小学生のスマートフォン保有率が上昇しているいま、小学校や中学校の教科書にインターネットでの人権侵害《しんがい》、および「忘れられる権利」が掲載《けいさい》され、子どもたちが早い段階からインターネットでの人権侵害と、「忘れられる権利」について理解し、当事者意識を持つことが重要です。

四六時中、インターネットにアクセスできるようになり、〝検索《けんさく》〟は生活に欠かせないものとなりました。しかし、検索が根拠《こんきょ》のない情報を含《ふく》むサイトに導くこともあれば、個人を苦しめる情報が不特定多数の人の目に触《ふ》れる機会を提供してしまうこともあります。

成人する前にネットユーザーとなった子どもたちこそ、忘れられない時代に生きていることを早くから自覚し、加害者にも被害者《ひがいしゃ》にもならないための知恵や知識が必要なのではないかと思うのです。

名誉《めいよ》権侵害、侮辱《ぶじょく》、プライバシー侵害をしてしまうかどうかは、ひとりひとりの見識や経験にも左右されます。だからこそ、ひとりひとりが、「この書き込《こ》みが他者にどういう影響《えいきょう》をおよぼすのか」「この情報を投稿《とうこう》することにどんな意味があるのか」「この記事をコピー、シェアするとは、一体どういうことなのか」などを常に考えながら、インターネットを利用する力、自己管理能力を身に付けなければいけないのです。

私は、弁護士になる前の司法修習生時代に、どの分野を目指すべきか検討していたとき、偶然《ぐうぜん》、岡村久道《ひさみち》弁護士の「ＩＴ弁護士の眼《め》」というサイトを目にし、自分も「ＩＴの知識を活《い》かし、ＩＴ関連法を扱《あつか》う弁護士になろう」と考えました。その後、2ちゃんねるの削除《さくじょ》依頼《いらい》をきっかけに、インターネット関連の相談がおもなものになっていきました。

２０１４年の報道によると東京地裁では、インターネット関連仮処分の数が４年で20倍に増えたとのことです。今後、ますます、ＩＴ分野の相談数は増加し、内容も多岐《たき》にわたることが予想されます。

判例、裁判例の少ない分野のため、新しい裁判例を作るべく日々、文献《ぶんけん》を調査し、書面を書いていた私にとって、グーグルに対する検索結果削除仮処分決定、「忘れられる権利」決定、そして最高裁決定はまさに一里塚《いちりづか》。ＩＴ時代に生きる弁護士として、真摯《しんし》に取り組むべき問題と思っています。

本書では、いくつかのモデルケースを紹介《しょうかい》し、削除請求・発信者情報開示請求が可能かどうかを述べてきました。しかし、人が生きていくうえでは、削除できるかどうかではなく、投稿する前の情報の自己管理能力を身に付けることが先決です。

検索される恐怖《きょうふ》に怯《おび》えて生き続けることにならないためにも、書き込みによって、他者を、また、あるときは、自らを窮地《きゅうち》に追い込まないためにも、私たちは「忘れられる権利」から学び、「忘れられる権利」について考え続けなければならないのだと思っています。

本書が、ネット〝検索〟に依存《いぞん》する生活について、ネット上にアップされた記事や個人情報について、止《とど》まるところを知らないテクノロジーの進化と私たち人間の関係について考えるきっかけになれば、幸いです。

2018年8月　神田知宏

本書は２０１５年5月に『ネット検索が怖い　「忘れられる権利」の現状と活用』としてポプラ新書より刊行したものに、その後の裁判情報を加え、ルビを加え選書化したものになります。

編集協力：小梶さとみ
熊本りか

★神田知宏（かんだ・ともひろ）

弁護士・弁理士。石川県生まれ。一橋大学法学部卒業後、IT系の会社を起業してプログラミング、ウェブデザイン、100冊を超えるIT系入門書の執筆に携わった後、2007年に弁護士登録。インターネットに精通したIT弁護士として、さまざまなメディアで取りあげられる。2014年10月には、グーグルから検索結果の削除仮処分決定を勝ち取り、2017年1月には最高裁からグーグルに対する検索結果削除の判断基準を引き出し、国内外で話題となる。

公式サイト　https://kandato.jp

未来へのトビラ
A Door to the Future

★ポプラ選書　未来へのトビラ

**ネット検索が怖い**
**ネット被害に遭わないために**

2019年4月　　第1刷発行

**著者**　神田知宏
**発行者**　長谷川 均
**編集**　碇 耕一
**発行所**　株式会社 ポプラ社
〒102-8519 東京都千代田区麹町4-2-6
電話 03-5877-8109（営業）03-5877-8112（編集）
一般書事業局ホームページ www.webasta.jp
**ブックデザイン**　bookwall
**印刷・製本**　中央精版印刷株式会社


N.D.C.361/190P/19cm ISBN978-4-591-16097-8

未来へのトビラ A Door to the Future　　ポプラ選書　好評既刊

# 『世界史で読み解く現代ニュース』

池上彰 Akira Ikegami
増田ユリヤ Julia Masuda

**世界史は、**
**思わぬ因果が錯綜する。**
**それが面白い。**

中東紛争の焦点となっている組織「イスラム国」とオスマン帝国、中国が主張するシーレーン戦略と永楽帝が推進した大航海。ニュースを理解するには世界史の知識が必須です。長く高校で歴史を教えてきた増田ユリヤが、世界史をわかりやすく解説し、池上彰がその世界史が、現代とどうつながっているかを解き明かします。ニュースへの理解がぐっと深まる一冊。